Radeln zwischen Donau und Paar

Idyllische Flußlandschaft der Donau.

Der Landkreis Neub   seitigen Landschaft und mit seine   len Radtouren
zwischen Neuburg u.   ndrucksvollen
Naturschönheiten un

„Radeln zwischen Do   und Paar" führt mit acht romantischen Rundtouren durch den Landkreis Neuburg-Schrobenhausen und seine benachbarten Gebiete. Auf gemütlichen Touren entdeckt man das Neuburg-Schrobenhausener Land – mit bekannten Attraktionen und eher abseits gelegenen Sehenswürdigkeiten. Der Radwanderführer ist so angelegt, daß man sich bequem eigene Routen und Streckenvorschläge zusammenstellen kann.

Allen, die sich mit „Radeln zwischen Donau und Paar" auf den Weg machen, wünsche ich erholsame Stunden und schöne Erlebnisse. Genießen Sie die Einmaligkeit des Neuburg-Schrobenhausener Landes und die Gastfreundschaft in unserer Region.

Dr. Richard Keßler
Landrat

Die Ferienregion Neuburg-Schrobenhausen

Die Ferienregion Neuburg-Schrobenhausen überrascht mit geologischen Gegensätzen. Geprägt ist das Gebiet vom fränkischen Jura im Norden mit dem „Wellheimer Trockental", das oft auch als „Urdonautal" bezeichnet wird, dem tertiären Hügelland im südlichen Landkreis und dem „brettlebenen" Donaumoos. Das Donaumoos zählt heute zu einer der interessantesten Kulturlandschaften Bayerns. Die Entstehung und die Kultivierung des Donaumooses werden künftig im Freilichtmuseum Donaumoos und in der Umweltbildungsstätte „Haus im Moos" in Kleinhohenried dokumentiert. Außerdem gehören die Donau und die Paar mit ihren Flußlandschaften zum typischen Landkreisbild.

Die Gäste in der Ferienregion Neuburg-Schrobenhausen werden mit kulinarischen Köstlichkeiten aus dem Spargel- und Kartoffelland verzaubert: Spargel kommt allerorts während der Erntezeit von Ende April bis 24. Juni (Johannitag) auf den Tisch, im Herbst genießt man rund um Neuburg die „Kartoffelwochen".

Verkehrsverbindungen

Die wichtigsten Straßenverbindungen, um in den Landkreis Neuburg-Schrobenhausen zu reisen:

- A8, Abfahrt Augsburg-Ost, Abfahrt Dasing
- A9, Abfahrt Ingolstadt-Süd, Abfahrt Manching, Abfahrt Langenbruck
- Bundesstraßen B 16 und B 300

Die wichtigsten Zugverbindungen, um in den Landkreis Neuburg-Schrobenhausen zu reisen:

- Bahnlinie Augsburg-Aichach-Schrobenhausen
- Bahnlinie Ulm-Donauwörth-Burgheim-Neuburg
- Bahnlinie Ingolstadt-Schrobenhausen
- Bahnlinie Ingolstadt-Neuburg

Süddeutschland mit den wichtigsten Anfahrtswegen

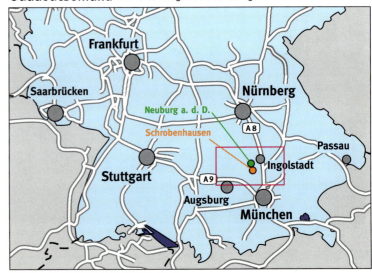

Route „Urdonautal"

Tour 1 (32 km): Die Route „Urdonautal" führt von Neuburg über Rennertshofen in das Urdonautal mit eindrucksvollen Felsengruppen. Die Donau war bis vor 135 000 Jahren durch dieses Tal verlaufen, ehe sie sich bei Rennertshofen ihr heutiges Flußbett bis zum Donaudurchbruch bei Weltenburg suchte. Nach Hütting verläuft der Radweg ein Stück durch das Schuttertal. Über Bergen mit der Wallfakrtskirche Heilig-Kreuz geht es zurück nach Neuburg.

Neuburg an der Donau

➡ **In Neuburg** ist der Ausgangspunkt für die Tour 1 der Parkplatz „Schlößlwiese" direkt an der Donau. Auf der Straße „Zur Ringmeierbucht" 50 m bis zur Ingolstädter Straße fahren (▽) und diese ampelgesichert geradeaus überqueren. Auf dem Radweg rechts der Monheimer Straße in Richtung Bittenbrunn fahren: Vor dem Ortsteil Laisacker muß man die Straße überqueren, da der Radweg nun links der Straße nach Bittenbrunn weiterführt (▽).

In Bittenbrunn bis zur Eulatalstraße fahren und links abbiegen. Auf der Kraftwerkstraße geradeaus weiterradeln. An der nach 500 m folgenden Gabelung rechts in den Flurbereinigungsweg biegen und den Ort verlassen. Der idyllische Radweg führt durch das Naturschutzgebiet Finkenstein. Nach einem längeren Waldstück führt der Weg einen kleinen Anstieg zum Donaudamm hinauf. Rechts entlang der Donau weiterfahren. Nach 800 m verläuft der Radweg in einigem Abstand zur Donau auf einem Flurbereinigungsweg weiter. An der nächsten Weggabelung rechts in Richtung Riedensheim weiterradeln.

In Riedensheim links in die leicht ansteigende Auenstraße biegen. Am Ortsausgang von Riedensheim rechts halten. Nach einem Anstieg an der nächsten Gabelung links halten und durch den Wald den steilen Anstieg zum Hartlberg hinauffahren. Als Lohn für die „Bergetappe" folgt eine rasante Abfahrt durch eine herrliche Allee: (▽) Mit Schwung stößt man auf die vorfahrtsberechtigte Straße, die rechts nach Stepperg führt.

In Stepperg nach 250 m rechts in die Antonibergstraße biegen und bis zur Rennertshofener Straße fahren. Dort links abbiegen, nach 100 m wieder links fahren und anschließend rechts in die Usselstraße radeln. Vor der Brücke rechts und bis zur Kreuzung fahren. An der Kreuzung links und der Straße bis zum Rechtsknick folgen. Von dort führt der Radweg nach Hatzenhofen. Diesen Ortsteil von Rennertshofen auf der Egloffstraße durchfahren.

In Rennertshofen bis zur Kreuzung an der Neuburger Straße fahren: (▽) links in diese stark befahrene Straße biegen und anschließend in Höhe des Gewerbegebietes rechts in die Industriestraße fahren. Auf einem Flurbereinigungsweg verläßt man geradeaus Rennertshofen. Unterhalb mächtiger Kalkfelsen führt der Radweg an den Mauerner Höhlen vorbei nach Mauern.

ⓦ **Die Mauerner Höhlen** liegen im Wellheimer Trockental, dem ehemaligen Urdonautal. Vor 80 000 Jahren dienten diese Höhlen den Neandertalern als Wohn- und Jagdplatz und als eine Art Kühlschrank für Vorräte. Damals erreichten die Temperaturen selbst im Juli nur 5 bis 10 Grad Celsius. Zahlreiche Funde zeugen von der kulturellen und technischen Entwicklung der damaligen Bewohner.

➡ **Vor Mauern** die stillgelegte Bahnlinie überqueren und links abbiegen. Entlang des Bahndamms, der noch einmal überquert wird, geht es weiter bis nach Ellenbrunn. Vor dem kleinen Weiler nicht die Bahnlinie überqueren, sondern links in den Feldweg fahren. Der Weg führt bis nach Hütting.

In Hütting geradeaus der Schulstraße folgen bis zur Hainbergstraße. Dort rechts abbiegen, die Bahnlinie überqueren und anschließend gleich links fahren.

Hütting verläßt man geradeaus auf dem Schotterweg. Der Radweg verläuft dann durch den Wald parallel zur Schutter. Auf diesem Weg bleiben bis zur Abzweigung nach Bergen. Dort rechts abbiegen und auf der Straße weiterfahren (▽).

In Bergen auf der Schutter Straße geradeaus, links in die Baringstraße fahren und von dieser rechts in die Straße „An den Linden" biegen. Auf dem geteerten Flurbereinigungsweg führt der Radweg weiter bis zum Wald. An der Waldkreuzung geradeaus radeln, die anschließende Waldabfahrt führt nach Gietlhausen.

Die Wallfahrtskirche Bergen bei Neuburg ist ein lohnenswerter Abstecher auf dieser Tour, denn sie zählt zu den schönsten Gotteshäusern im Neuburg-Schrobenhausener Land. Die Ursprünge der Heilig-Kreuz-Kirche reichen zurück bis zur Jahrtausendwende. 976 wurde in Bergen eine Benediktinerinnenabtei gegründet. Nach einer Feuerbrunst im 12. Jahrhundert wurde anstelle der einstigen Abtei eine romanische Hallenkirche errichtet. Anfang des 18. Jahrhunderts pilgerten jährlich 100 000 Wallfahrer nach Bergen. 1756 wurde die einstmals düstere Kirche von Hofbaudirektor Joh. Babt. Dominikus Barbieri umgebaut zu einem lichtdurchfluteten Gotteshaus im Rokokostil.

In Gietlhausen unterhalb der kleinen Kapelle fahren. Anschließend geht es geradeaus bergab (▽) durch den Ort in Richtung Laisacker.

In Laisacker geradeaus auf die Gietlhausener Straße fahren, die dann in die Brunnenstraße mündet. Bis zu deren Ende fahren und links in die Roßstallstraße biegen (▽). Auf der Straße bis nach Hessellohe fahren. Im Ort immer der Hesseloher Straße in Richtung Ried folgen und den Ortsteil bis zur Ingolstädter Straße durchfahren. Rechts dem Radweg neben der Ingolstädter Straße folgen und bis zur Kreuzung an der Monheimer Straße fahren. Ampelgesichert die Ingolstädter Straße überqueren. Nach 50 m erreicht man wieder den Ausgangspunkt der Tour, den Parkplatz „Schlößlwiese".

Route „Zwischen Auwald und Jura"

Tour 2 (57 km): Die Route „Zwischen Auwald und Jura" verläuft von Neuburg aus am Rande der Ausläufer der südlichen Frankenalb über Bergen und Nassenfels nach Ingolstadt. Von Ingolstadt radelt man nach Neuburg auf dem Donauradwanderweg zurück – umgeben von herrlichen Auwäldern der dünn besiedelten Donauauen.

Neuburg an der Donau

In Neuburg vom Parkplatz „Schlößlwiese" aus 50 m auf der Straße „Zur Ringmeierbucht" bis zur Ingolstädter Straße fahren: (▽) Diese ampelgesichert überqueren und rechts in den Radweg entlang der Ingolstädter Straße biegen. Anschließend links in die Hesseloher Straße, auf der Ried und Hessellohe durchfahren werden. Vom Ortsteil Hessellohe auf der Straße weiter nach Laisacker radeln.

In Laisacker von der Roßstallstraße rechts in die Brunnenstraße biegen. Auf der leicht ansteigenden Gietlhausener Straße verläßt man den Ort.

In Gietlhausen der Ortsdurchgangsstraße folgen. An der kleinen Kapelle vorbei führt die Route bergauf an den Waldrand. Der ansteigende Waldweg führt geradeaus durch den Wald. Vor Bergen geht es auf dem geteerten Flurbereinigungsweg weiter.

In Bergen von der Straße „An den Linden" links in die Baringstraße biegen. Dann rechts in die Schutter Straße fahren, auf der man den Ort geradeaus verläßt. Nach ca. 2 km links in den forstwirtschaftlichen Weg biegen und geradeaus auf dem Feldweg weiterfahren. Der Radweg führt auf der kleinen Straße oberhalb der Sächenfahrtmühle nach Meilenhofen. In Meilenhofen auf dem Leonhardiweg geradeaus radeln und auf der Milostraße den Ort verlassen.

➲ **In Zell a. d. Speck** geradeaus und vom Schuttertalweg in die St.-Veit Straße fahren. Dieser folgen und links in den Weg „Zellmühle" biegen. Der geteerte Flurbereinigungsweg führt zu einer Gabelung, an der man links auf den befestigten Schotterweg fahren muß. Nach dem Anstieg über einen kleinen Hügel quert man das Betriebsgelände der Speckmühle (▽) und kommt zur Kreisstraße, die nach Neuburg führt: (▽) Diese geradeaus überqueren und auf dem Feldweg bis zur Neuburger Straße in Nassenfels fahren.

In Nassenfels rechts in die Neuburger Straße fahren. In der Ortsmitte rechts Richtung Ingolstadt abbiegen. Von der Schloßstraße nach 150 m links abbiegen und an der Kirche vorbei auf dem Flurbereinigungsweg bis nach Wolkertshofen fahren. In Wolkertshofen links in den Ort fahren und vor der Kirche rechts halten. Bis zur Dorfstraße hinaufradeln und dort rechts abbiegen. 250 m nach Wolkertshofen rechts in den Feldweg biegen, der mit einigen Abzweigungen bis nach Buxheim führt: (▽) Vor Buxheim ist der Feldweg leicht abschüssig. Man muß rechtzeitig bremsen, um links den Weg in den Ort zu erwischen.

In Buxheim rechts in die Wolkertshofener Straße biegen. Dieser bis kurz vor das Ortsende folgen. Rechts auf den Radweg beim Bachweg fahren und nach 150 m rechts in die alte Straße fahren, die nach Pettenhofen führt.

In Pettenhofen auf dem Moosweg bis zur Pettostraße fahren. Dort links abbiegen (▽). Von Pettenhofen geht es auf der Straße nach Mühlhausen, das auf der Hanfgartenstraße in Richtung Dünzlau durchfahren wird.

In Dünzlau geradeaus auf der Mühlacker Straße und der Hofmark Straße fahren. Kurz vor dem Ortsende links in Richtung Heindlmühle radeln. An der Mühle vorbei und bis zum Sportgelände in Friedrichshofen an der Ochsenmühlstraße fahren. Rechts abbiegen und bis kurz vor die Schutterbrücke fahren. Links abbiegen und Richtung Ingolstadt weiterradeln.

➲ **In Ingolstadt** bis zur Krumenauerstraße fahren, rechts abbiegen und bis zur Kreuzung fahren. Dort links in die Gerolfinger Straße biegen und auf dem Mühlweg stadteinwärts radeln. An dessen Ende trifft man auf den Brodmühlweg, an dem man rechts abbiegen muß.

ⓘ **In Ingolstadt** sollte man sich die Zeit für einen Besuch der Innenstadt, der Museen (z. B. Bayerisches Armeemuseum im Neuen Schloß, Deutsches Medizinhistorisches Museum in der Alten Anatomie) oder des Klenzeparks (ehemaliges Landesgartenschaugelände an der Donau) nehmen. Auf der Westlichen Ringstraße, der Friedhofs- und Kreuzstraße gelangt man in die Altstadt.

➲ **In Ingolstadt** ist der Wendepunkt der Tour erreicht. Zurück nach Neuburg geht es nun auf dem Donauradwanderweg. Vom „Brodmühlweg" und der „Großen Zellgasse" kommt man zum „Mitterschüttweg", der zum großen Baggersee führt. Kurz vor dem See links auf der Stauseestraße bis zur Donau fahren. Auf der Kraftwerksbrücke bei der Staustufe die Donau überqueren, rechts abbiegen und entlang der Donau und der Bahnlinie weiterfahren. Bei Bahnkilometer 4,2 führt der Radweg versetzt zur Bahnlinie weiter. Auf dem Buschlettenweg geht es durch das Vogelschutzgebiet, bis man bei Bahnkilometer 10,6 die Bahnlinie überquert. Links der Bahnlinie fährt man anschließend weiter.

In Weichering den Ort parallel zur Bahnlinie durchfahren. Am Ortsende rechts über die Bahnlinie fahren – die Bahnschranken sind Rufschranken. Über Gut Rohrenfeld kommt man am idyllisch gelegenen Jagdschloß Grünau vorbei. Von dort führt der Weg schnurgerade auf der Grünauer Straße nach Neuburg. Die Elisenbrücke erst unterqueren und dann auf ihr die Donau überqueren. Entlang der Ingolstädter Straße bis zur Kreuzung an der Monheimer Straße fahren. Dort die Straße ampelgesichert überqueren und zum Parkplatz, dem Ausgangspunkt der Tour, zurück.

Route „Moor und Wasser"

Tour 3 (56 km): Die Route „Moor und Wasser" führt von Neuburg entlang der Donau über die Staustufe Bergheim nach Weichering. Von dort geht es in das Naherholungsgebiet Niederforst mit zwei Varianten für die Weiterfahrt: Die lange Route führt über Karlskron nach Karlshuld, die Abkürzung über Neuschwetzingen nach Karlshuld. Von dort führt die Tour zurück nach Neuburg.

Neuburg an der Donau

➲ **In Neuburg** vom Parkplatz „Schlößlwiese" dem Weg entlang der Donau und durch den Wald folgen, der unterhalb des Arco-Schlößchens vorbeiführt.

In Joshofen geradeaus auf der Straße „Am Gries" fahren, rechts in die Donaustraße biegen und entlang des Ortsrandes bis zum Maibaum fahren. Rechts in die „Naßschütt" abbiegen und am Vereinsheim vorbei in den Wald radeln. Dem Teerweg folgen und an der nächsten Kreuzung rechts bis zum Weiher fahren. Links halten, bis zum Kieswerk und dort links in den Teerweg biegen. Nach 250 m rechts in den Feldweg fahren und unterhalb von Bergheim weiter.

In Bergheim am Ortsrand geradeaus in die Donaustraße, beim Maibaum rechts fahren, vor der Sportgaststätte links abbiegen und bis zur Hauptstraße fahren: (▽) diese überqueren und rechts in den Radweg entlang der Straße biegen. Die Donaustufe überqueren und nach ca. 1 km links in den Wald fahren. Im Wald der Beschilderung folgen. Nach dem idyllischen Waldstück links abbiegen. Auf dem Flurbereinigungsweg bis nach Weichering fahren.

Vor Weichering die Bahnlinie überqueren. Am Ortsrand von Weichering links in die Straße „Am Anger" biegen, anschließend immer geradeaus weiter. Beim Maibaum rechts und an der Kreuzung links in die Ingolstädter Straße (▽). Am Ortsende auf den Radweg rechts der Straße und über die Brücke fahren. In der Osterfeldsiedlung auf dem Radweg bleiben. Nach dem Ort beim Hinweis „Naherholungsgebiet" die Straße überqueren (▽).

➲ **Beim Naherholungsgebiet Niederforst** gibt es eine Abkürzung nach Karlshuld. Nach Überquerung der Straße rechts auf den Radweg fahren, der entlang der Straße bis nach Neuschwetzingen führt. Im Ort bis zum Kreisel und dort rechts Richtung Karlshuld und Neuburg fahren. Am Kreisel von Karlshuld trifft man wieder auf die Hauptroute in Richtung Neuburg.

➲ **Beim Naherholungsgebiet Niederforst** nach Überquerung der Straße geradeaus auf den Waldweg fahren. Bei der Infotafel und den Parkplätzen links halten und auf dem Schotterweg weiterradeln: (▽) rechts in die Straße biegen.

In Lichtenau auf der Weicheringer Straße und anschließend rechts auf den Radweg fahren. Am Ortsende auf den Radweg links der Straße wechseln. Geradeaus durch Bofzheim, dort die Bahnlinie überqueren und bis nach Karlskron radeln.

In Karlskron immer geradeaus auf dem Radweg bleiben. Erst kurz vor dem Ortsende rechts in die Straße Richtung Walding biegen. In Walding bis zur Kreuzung fahren und rechts auf der Straße nach Aschelsried (▽) weiter. An Aschelsried vorbei führt die Route nach Adelshausen.

In Adelshausen auf der Reichertshofener Straße bis zur Kreuzung fahren: (▽) geradeaus über die Kreuzung und Richtung Pobenhausen weiterfahren. Der Radweg mündet rechts in die Verbindungsstraße. Nach 150 m muß man links in die Straße nach Pobenhausen biegen (▽).

In Pobenhausen nach der Kirche rechts in die Neuburger Straße und auf der Straße nach Probfeld fahren. Am Ortsbeginn bei der Brücke auf den Radweg links der Straße wechseln, die Bahnlinie überqueren und geradeaus bis zum Weiher fahren. Links in den Brandheimer Weg biegen und nach Kleinhohenried radeln.

🌐 Das „**Donaumoos Freilichtmuseum – Umweltbildungsstätte**" entsteht in Kleinhohenried. Mit drei typischen Hausgruppen informiert es über die Kulturgeschichte des Naturraumes Donaumoos von Beginn der Kolonialisierung an. Die Häuser wurden originalgetreu wie um die Jahrhundertwende eingerichtet. Das Freilichtmuseum und die Umweltbildungsstätte stehen als besonderes Zeichen für die Verbindung von Natur und Umwelt im Donaumoos – mit Feuchtbiotopen, Weidetieren, einem Moorlehrpfad und vom Heimatmuseum des Kulturhistorischen Vereins Donaumoos eingerichteten Donaumooshäusern auf 20 Hektar.

➡ **In Kleinhohenried** bei Hausnummer 97 rechts auf den kleinen Weg fahren.

In Karlshuld links auf den Radweg entlang der Straße „Unterer Kanal". Bis zur Kreuzung fahren. Rechts auf dem Radweg entlang der Pfaffenhofener Straße und am Kreisel in Richtung Neuburg weiterfahren. Auf dem Radweg Karlshuld verlassen und über Nazibühl weiterfahren. Beim Hinweis „Zell 1km/Gasthaus Mödl" den Radweg verlassen und die Straße überqueren (🔻). Nach ca. 300 m rechts abbiegen. Nach dem Ortsschild links in die Straße „Am Kreut" fahren.

In Zell rechts in den „Tränkenweg", anschließend in die Straße „Am Zeller Weg" und links in die Rosinger Straße fahren. Bis zur Ortsverbindungsstraße radeln und links abbiegen (🔻). Vor Zitzelsheim rechts auf den Teerweg und entlang des Flugplatzes und der Landebahn fahren. Auf diesem Weg erreicht man den Neuburger Ortsteil Feldkirchen. Auf dem Radweg die Brücke überqueren und bis zum Kreisel entlang der Augsburger Straße fahren. Geradeaus in die Bürgermeister-Sing-Straße und in die Bahnhofstraße. Auf der Fünfzehnerstraße und über den Wolfgang-Wilhelm-Platz geradeaus in die Altstadt. Durch das „Obere Tor" und rechts in die Amalienstraße biegen. Vor dem Schloß durch das „Untere Tor" zur Elisenbrücke, auf der man die Donau überquert. Anschließend rechts zum Parkplatz „Schlößlwiese".

Route „Rund ums Donaumoos"

Tour 4 (48 km): Das Donaumoos wird bei dieser Tour im wahrsten Sinne des Wortes umrundet. Von Neuburg führt sie über Karlshuld nach Berg im Gau – mit einem wunderbaren Blick über das Donaumoos. Entlang des Moosrandes kommt man über Sandizell nach Klingsmoos. Über Ehekirchen und Rohrenfels führt die Route zurück nach Neuburg.

Neuburg an der Donau

➡ **In Neuburg** vom Parkplatz „Schlößlwiese" zur Ingolstädter Straße vorfahren. Die Straße ampelgesichert überqueren und links in den Radweg biegen. Über die Elisenbrücke fahren und „Am Schlagbrückchen" rechts in die Luitpoldstraße biegen (🔻). An der großen Kreuzung links in die Münchner Straße (🔻) fahren. Immer geradeaus radeln, die Bahnlinie unterqueren und auf den Radweg wechseln. Am Ortsende verläuft der Radweg links der Straße. Parallel zur B 16 in den Ortsteil Rödenhof fahren, diesen geradeaus durchqueren und am Ortsende bis zur B 16 fahren: (🔻) Die vielbefahrene Bundesstraße geradeaus überqueren und links in den Radweg Richtung Zell biegen. Anschließend rechts auf der „Alten Neuburger Straße" bis nach Zell fahren. In Höhe der Kirche rechts in die Rosinger Straße und anschließend links auf der Straße „Am Zeller See" weiterfahren. Geradeaus radeln, links in den Tränkenweg und anschließend links in den Weg „Am Kreut" biegen. Bis zur Straße vorfahren und diese geradeaus überqueren (🔻). Auf dem Radweg links der Straße nach Karlshuld radeln.

In Karlshuld am Kreisel rechts abbiegen und auf dem Radweg entlang der Augsburger Straße den Ort verlassen. Die Tour führt weiter nach Grasheim.

In Grasheim beim Maibaum links und entlang der Schrobenhausener Straße schnurgerade nach Dettenhofen fahren.

In Dettenhofen auf der Grasheimer Straße in den Ort radeln. Dann rechts in die Siefhofener Straße biegen. In Siefhofen von der Dettenhofener Straße links in die Zeller Straße fahren, nach 15 m rechts in die Karl-Theodor-Straße biegen.

In Berg i. Gau links in die Langenmosener Straße, nach 250 m rechts in die Lampertshofener Straße biegen und den Ort verlassen. In Lampertshofen der Lindenstraße folgen. In Höhe von Eppertshofen rechts in die Straße biegen. Links nach Langenmosen abbiegen und auf der Burgstraße in den Ort fahren.

In Langenmosen an der Kreuzung links fahren und geradeaus auf dem Radweg Langenmosen verlassen. Bis zur nächsten Abzweigung radeln und rechts in Richtung Winkelhausen abbiegen.

In Winkelhausen auf der Sandizeller Straße geradeaus den Ort durchfahren und auf der Ortsverbindungsstraße nach Sandizell weiterradeln.

In Sandizell von der Langenmosener Straße geradeaus auf der Klingsmoser Straße fahren und auf der Ortsverbindungsstraße weiter.

In Klingsmoos bis zur Kreuzung an der Pöttmeser Straße fahren und diese geradeaus überqueren (▽). Auf der Ehekirchener Straße weiterradeln und links in die Schönesberger Straße Richtung Ried biegen. Am Ortsbeginn von Ried rechts abbiegen und auf der Straße nach Schönesberg fahren.

In Schönesberg der Straße unterhalb der Kapelle folgen. An der Kreuzung rechts in die Augsburger Straße biegen (▽). Am Ortsende auf den Radweg links der Straße wechseln und nach Ehekirchen fahren.

In Ehekirchen bis zum Kreisel fahren, nach dem Kreisel links Richtung Schule weiterradeln. An der Gabelung Richtung Ambach fahren. Auf der Schulstraße in Ambach geradeaus bis zur Kreuzung, an der es schräg rechts in die Kirchstraße geht. Nach einem leichten Anstieg auf den Radweg nach Rohrenfels wechseln.

In Rohrenfels auf der Ortsdurchgangsstraße weiterfahren (▽). In Höhe des Mozartweges beginnt ein Radweg, der nach Wagenhofen führt. Dort am Feuerwehrgerätehaus links in die Ortschaft radeln. Auf der Ballersdorfer Straße den Ort verlassen und in Richtung Ballersdorf weiterfahren.

In Ballersdorf links in die Kapellenstraße fahren, dann in die Sehensander Straße. Nach dem Ort entlang des Waldes nach Sehensand radeln.

Am Ende des Waldstückes kurz vor Sehensand kann man einen Umweg über das Naturfreundehaus machen. Nach der dortigen Rast führt der Umweg auf Höhe der Bahn nach Sehensand zur Tour 4 zurück.

In Sehensand bis zur Dorfstraße fahren, links abbiegen und den Ort verlassen. Die Bahnlinie unterqueren und rechts auf der Straße nach Neuburg radeln.

In Neuburg vom Sehensander Weg (teilweise verläuft ein Radweg entlang der Straße) links in die Bahnhofstraße biegen. Geradeaus in die Fünfzehnerstraße und über den Wolfgang-Wilhelm-Platz in die Altstadt. Durch das „Obere Tor" fahren und rechts in die Amalienstraße biegen. Vor dem Schloß links halten und durch das „Untere Tor" zur Elisenbrücke radeln, auf der man die Donau überquert. Anschließend rechts abbiegen zum Parkplatz „Schlößwiese", dem Ausgangspunkt der Tour.

Der Parkplatz „Schlößwiese" ist für alle Touren, die in Neuburg an der Donau beginnen, der ideale Startpunkt. Auf dem kostenlosen Dauerparkplatz direkt an der Donau haben insgesamt 170 Autos Platz. Außerdem braucht man für einen kleinen Fußmarsch von der Elisenbrücke in die historische Altstadt nur fünf Minuten.

Route „Paar-Weilach"

Tour 5 (37 km): Von der Paarstadt Schrobenhausen aus führt die Tour durch die Landschaft des Paartales nach Waidhofen. Von dort fährt man über Aresing nach Weilach. Über Schiltberg und Gachenbach kommt man an der Wallfahrtskirche Maria Beinberg vorbei nach Peutenhausen. Von dort führt die Route zurück nach Schrobenhausen.

Schrobenhausen

➔ **In Schrobenhausen** ist der Omnibusbahnhof bei der Altstadt Ausgangspunkt der Tour. Rechts in den Bürgermeister-Stocker-Ring biegen und bis zur evangelischen Kirche geradeaus dem Ring folgen. Rechts in den Radweg biegen, der von Schrobenhausen in den Ortsteil Mühlried führt. In Mühlried auf dem Radweg neben der Straße und teilweise auf der Ingolstädter Straße fahren (▽), auf der man den Ort verläßt. Am Wertstoffhof vorbei auf dem Radweg in Richtung Waidhofen weiterradeln, der in Abstand parallel zur B 300 verläuft.

In Waidhofen am Ortsschild zur B 300 fahren: (▽) die B 300 überqueren und in Richtung Rachelsbach fahren. Rachelsbach auf der Strobenrieder Straße durchfahren und in Richtung Diepoldshofen weiter. In Diepoldshofen der Durchgangsstraße folgen und kurz vor dem Ortsende rechts in den kleinen Weg nach Ammersberg biegen. An einem Einsiedlerhof vorbei in Richtung Niederdorf. In Niederdorf von der Ammersberger Straße in die Ortsstraße biegen und an der Wegkreuzung in der Ortsmitte rechts in den Feldweg fahren. Bis zur Staatsstraße radeln und diese überqueren: (▽) Die Stelle ist unübersichtlich. Auf der Ortsverbindungsstraße bis zur nächsten Kreuzung, dort links nach Aresing fahren.

In Aresing rechts in die Wehauer Straße biegen (▽) danach auf der Lenbachstraße weiterfahren: (▽) links in die Bauernstraße biegen und auf der Ziegeleistraße den Ort verlassen.

Bei Autenzell links in Richtung Unterweilenbach abbiegen und nach der Brücke rechts auf den Feldweg. An der Spitalmühle vorbei der kleinen Straße bis zur Ortsverbindungsstraße folgen. Rechts Richtung Weilach fahren und nach 100 m links in die Dorfstraße biegen. Geradeaus auf der Straße nach Schiltberg bleiben.

In Schiltberg von der unteren Ortsstraße rechts in die Raiffeisenstraße biegen und nach Rapperszell fahren. In Rapperszell der Straße in Richtung Oberschönbach folgen. Nach dem Ort fährt man leicht aufwärts am Waldrand entlang. Kurz vor der Anhöhe rechts nach Oberschönbach abbiegen. Leicht abschüssig geht es nach Oberschönbach. Den Ort geradeaus durchqueren und nach Unterschönbach weiter. Am Ortsende von Unterschönbach links nach Gachenbach abbiegen. Im Wald zuerst leicht bergauf. Danach führt eine längere Abfahrt nach Gachenbach.

In Gachenbach geradeaus den Ort durchqueren und bis zur Hauptstraße bei der Kirche fahren. Die Straße überqueren (▽) und in die Weinbergstraße biegen. Leicht abschüssig geht es an der Wallfahrtskirche Maria Beinberg vorbei. Die B 300 wird unterquert und man kommt nach Peutenhausen.

In Peutenhausen auf der Gachenbacher Straße bis zur Kreuzung bei der Kirche fahren. Die Straße überqueren (▽) und auf der Hörzhausener Straße den Ort verlassen. Vor Hörzhausen die Bahnlinie überqueren und auf der Hagenauer Straße bis zur Bernbacher Straße fahren. Rechts in den Radweg biegen, der nach Schrobenhausen führt.

In Schrobenhausen am Ortsanfang dem Radweg entlang der Hörzhausener Straße folgen, den Bahndamm überqueren. Dort endet der Radweg und man muß auf der Hörzhausener Straße bis zum Kreisel fahren. Am Kreisel in den Bürgermeister-Stocker-Ring biegen, auf dem man zum Omnibusbahnhof kommt, dem Ausgangspunkt der Tour.

Route „Spargelland"

Tour 6 (43 km): Das Schrobenhausener Land ist als Spargelregion über die Grenzen Bayerns hinaus bekannt. Bei dieser Tour lernt man die Anbauregion kennen. Startpunkt ist die Spargelmetropole Schrobenhausen. Von dort fährt man über Winkelhausen, Langenmosen und Siefhofen nach Karlshuld. Über Brunnen und Waidhofen geht es zurück nach Schrobenhausen.

Schrobenhausen

In Schrobenhausen ist der Omnibusbahnhof der Ausgangspunkt der Tour. Auf dem Bürgermeister-Stocker-Ring an der evangelischen Kirche vorbei bis zur Ampel fahren. An der Ampel rechts abbiegen und links in die Bahnhofstraße fahren. Der Bahnhofstraße geradeaus folgen und links in die Wittelsbacher Straße biegen. Anschließend rechts auf den Radweg entlang der Pöttmeser Straße wechseln. Die Bahngleise überqueren und geradeaus weiterfahren. Am Kreisel geradeaus in Richtung Pöttmes weiter. Auf dem Radweg den Ortsteil Steingriff durchfahren. Erst in Sandizell endet der Radweg.

In Sandizell auf der Grimolzhausener Straße fahren und rechts in die Asamstraße biegen. Von der Asamstraße rechts in die St.-Peter-Straße fahren und rechts auf der Langenmoser Straße in Richtung Winkelhausen radeln.

In Winkelhausen auf der Sandizeller Straße den Ort durchfahren. Beim Bushäuschen nicht der Vorfahrtsstraße folgen, sondern geradeaus in Richtung Schrobenhausen fahren. Bis zur Straße vorfahren und links in den Radweg nach Langenmosen biegen.

In Langenmosen 50 m nach Ortsbeginn rechts in die Bergstraße biegen und in Richtung Berg i. Gau fahren. Am Ortsende in Richtung Eppertshofen auf der Straße weiterradeln. Nach 150 m an der Kreuzung rechts auf die Straße und weiter nach Eppertshofen. Den Ort in Richtung Dirschhofen durchfahren. Im Ort der Vorfahrtsstraße folgen und auf der Straße nach Siefhofen radeln.

In Siefhofen von der Raiffeisenstraße links in die Alte Hauptstraße biegen und anschließend links in die Karl-Theodor-Straße fahren. Nach 20 m rechts in die Zeller Straße, dann gleich rechts in die Dettenhofer Straße biegen. Auf dem Radweg entlang der Straße nach Dettenhofen und auf der Siefhofener Straße weiterfahren. An der Kreuzung im Ort links in die Grasheimer Straße biegen, auf der es kerzengerade nach Grasheim geht.

Kurz vor Grasheim in Höhe der Schrobenhausener Straße rechts in die Straße „Am Oberen Kanal" biegen und in Richtung Karlshuld fahren. Für ca. 2,5 km der Straße folgen, danach beginnt auf der linken Straßenseite ein Radweg.

In Karlshuld bis zur Pfaffenhofener Straße fahren, diese geradeaus überqueren (▽) und dem Radweg entlang der Straße „Am Unteren Kanal" folgen. Immer geradeaus weiter und am Ende der Häuserzeile rechts der Straße „Am Unteren Kanal" fahren. Bis zur nächsten Straße radeln, links abbiegen und nach 30 m rechts auf den forst- und landwirtschaftlichen Weg in Richtung Hohenried wechseln. Vor der Bahnlinie rechts auf dem geschotterten Weg bis zur nächsten Bahnüberquerung fahren. Die Bahnlinie überqueren (Rufschranke) und danach rechts weiterfahren. Auf der Straße vorbei am Bahnhof bleiben und danach parallel zum Bahndamm weiterradeln. Bis zur Straße vorfahren und beim Bahnübergang links in die Straße biegen (▽). Dann in Richtung Niederarnbach fahren. Auf der Neuburger Straße in den Ort, am Gasthaus rechts abbiegen und nach Brunnen fahren.

Im Ortsteil Kleinhohenried lohnt ein Abstecher in das „Haus im Moos" mit Freilichtmuseum und Umweltbildungsstätte.

In Brunnen auf der Ingolstädter Straße in den Ort radeln und links in den Gröberner Weg biegen. Leicht bergauf bis zur Kreuzung fahren. Rechts abbiegen und auf der Straße (▽) weiter nach Gröbern. Den Ort auf der Brunnener Straße durchfahren und Richtung Waidhofen radeln. Am Kreisel auf den Radweg wechseln und bis Waidhofen fahren.

In Waidhofen rechts in die Ringstraße und nach der Kirche rechts in den Weiherweg biegen. Bis zum Mühlweg fahren und am Ende der Ortsbebauung links zur Straße. Vor der Straße rechts in den Radweg biegen, der entlang der Straße nach Mühlried führt. In Mühlried von der „Alten Ingolstädter Straße" geradeaus auf die Ingolstädter Straße (▽). Am Ortsende links in den Radweg biegen, der bis zur evangelischen Kirche führt. Bei der Kirche links in den Bürgermeister-Stocker-Ring biegen, der zum Omnibusbahnhof und somit dem Ausgangspunkt der Tour führt.

Der Donaumoospegel in Ludwigsmoos zeigt den Stand des Moores im Jahr 1836 an.

Route „Gemüseland"

Tour 7 (37 km): Vom Paartal in Schrobenhausen führt die Tour ins Donaumoos. Über Ludwigsmoos und Klingsmoos geht es dann nach Pöttmes. Entlang des Moosrandes verläuft die Route zurück nach Schrobenhausen.

Schrobenhausen

In Schrobenhausen ist der Omnibusbahnhof der Ausgangspunkt der Tour. Auf dem Bürgermeister-Stocker-Ring an der evangelischen Kirche vorbei bis zur Ampel fahren. An der Ampel rechts in die Regensburger Straße biegen. Links in die Neuburger Straße fahren, die Bahnlinie überqueren und auf dem Radweg entlang der Straße weiterfahren. Auf der Anhöhe von Steingriff wechselt der Radweg von der rechten auf die linke Straßenseite (▽). Nach Steingriff führt der Radweg durch den Wald. Auf einer langen Abfahrt kommt man zur Abzweigung Richtung Winkelhausen. Links auf der Verbindungsstraße nach Winkelhausen fahren.

In Winkelhausen rechts in die Sandizeller Straße biegen, anschließend in die Römerstraße (▽) und Richtung Langenmosen fahren.

In Langenmosen bis zur Hauptstraße fahren, diese geradeaus überqueren und auf der Berg i. Gauer Straße weiter. Bis zum Ortseingang von Eppertshofen radeln und links in Richtung Lampertshofen fahren. In Lampertshofen auf der Lindenstraße durch den Ort und am Ortsende links in die Straße nach Ludwigsmoos fahren.

In Ludwigsmoos durch den Ort fahren und dem Radweg folgen, der auf der rechten Straßenseite verläuft. Bis zur Ludwigstraße fahren, diese überqueren und links auf dem Radweg entlang der Straße weiter. Am Ende der Ludwigstraße die Staatsstraße überqueren (▽). Geradeaus in den Erlengraben in Klingsmoos fahren.

In Klingsmoos dem Radweg rechts der Straße folgen. Vom Radweg am Erlengraben nach links in den Radweg entlang der Ehekirchener Straße biegen. An der Kreuzung an der Pöttmeser Straße rechts auf den Radweg wechseln, der entlang der Pöttmeser Straße verläuft. Am Ortsende von Klingsmoos auf dem Radweg bis nach Pöttmes weiterradeln (Bauende für den Radweg: Spätsommer 1997).

In Pöttmes kurz nach dem Ortsbeginn in Höhe der Partnerschaftsschilder die Straße überqueren (▽) und auf der Straße Richtung Schrobenhausen weiterfahren. Vor der Neumühle rechts in die kleine Straße nach Au biegen. Der Durchgangsstraße durch Au folgen und in Richtung Eiselsried fahren. An der nächsten Kreuzung rechts nach Eiselsried weiter und der Durchgangsstraße durch den Ort folgen. Am Ortsende von Eiselsried auf der Straße in Richtung Gollingkreuth fahren. In Gollingkreuth an der Gabelung bei dem großen Baum links in Richtung Öd fahren. Die Tour führt an einer 1000jährigen Eiche vorbei nach Öd. In Öd links Richtung Halsbach fahren. Halsbach geradeaus durchfahren. Am Ortsende auf den Radweg links der Straße wechseln. Der Radweg führt nach Hörzhausen und wechselt dort in Höhe der Straße „Am Hohen Rain" auf die rechte Straßenseite in Richtung Schrobenhausen.

In Schrobenhausen am Ortsanfang dem Radweg entlang der Hörzhausener Straße folgen und den Bahndamm überqueren. Dort endet der Radweg und man muß auf der Hörzhausener Straße bis zum Kreisel fahren. Am Kreisel in den Bürgermeister-Stocker-Ring biegen, auf dem man zum Omnibusbahnhof kommt, dem Ausgangspunkt der Tour.

Route „Paar-Donau"

Tour 8 (80 km): Die Route „Zwischen Paar und Donau" ist sozusagen die „Königsetappe" dieses Radwanderführers. Auf 80 km erlebt man die Naturschönheiten im Neuburg-Schrobenhausener Land und begegnet vielen imposanten Zeugnissen der Geschichte. Von Schrobenhausen führt die Tour über Siefhofen, Neuburg, Burgheim, Buch und Klingsmoos nach Schrobenhausen zurück.

Schrobenhausen

➔ **In Schrobenhausen** ist der Omnibusbahnhof bei der Altstadt Ausgangspunkt der Tour. Rechts in den Bürgemeister-Stocker-Ring biegen und bis zur evangelischen Kirche geradeaus dem Ring folgen. Rechts in den Radweg biegen, der von Schrobenhausen in den Ortsteil Mühlried führt. In Mühlried entlang der Ingolstädter Straße fahren. Nach der Fußgängerampel links in die „Alte Dorfstraße" biegen und auf ihr den Ort verlassen.

Ⓦ **Das Paartal** ist eines der letzten großen naturnahen Fließgewässer des tertiären Hügellandes. Es bietet Lebensraum für zahlreiche gefährdete Tier- und Pflanzenarten. Aus diesem Grund erfährt das bayerische Arten- und Biotopschutzprogramm im Paartal eine modellhafte Umsetzung. Bei der Verwirklichung dieses Projekts wird besonders auf die Förderung einer extensiven Grünlandnutzung und düngefreie Puffer entlang der Paar und ihrer Altwässer wert gelegt. Mit einer gezielten Öffentlichkeitsarbeit werden die Bürger über Gestaltungs- und Pflegemaßnahmen informiert. Ferner werden Biotopneuanlagen und die Pflegearbeit an Feuchtwiesen und an Streuwiesenresten ebenso vorangetrieben wie die Förderung des Weißstorches, der in Hörzhausen, Waidhofen und Schrobenhausen nistet.

▶ **Am Ortsausgang von Mühlried** führt links der Straße der Radweg nach Königslachen. Den Ort auf dem Radweg durchfahren und immer in Richtung Edelshausen weiterradeln. Am Ortsrand von Edelshausen die Staatsstraße überqueren (▽) und auf der Sankt-Mauritius-Straße in den Ort fahren.

In Edelshausen die Bahnlinie überqueren und am Ende der Sankt-Mauritius-Straße links in die Arnbach Straße biegen. Auf der Straße bis Alteneich fahren, im Ort der Durchgangssstraße folgen und in Richtung Oberarnbach weiterradeln.

In Oberarnbach auf dem Radweg fahren, anschließend rechts in die Grasheimer Straße biegen. Links in Richtung Siefhofen fahren.

In Siefhofen auf der Raiffeisenstraße unterhalb von Berg i. Gau Richtung Dirschhofen fahren.

In Dirschhofen der Durchgangsstraße folgen und nach Eppertshofen radeln. In Eppertshofen der Kapellenstraße folgen und nach dem Ortsende rechts nach Lampertshofen fahren.

In Lampertshofen auf der Lindenstraße durch den Ort radeln. Am Ortsende links in die Straße nach Ludwigsmoos fahren.

In Ludwigsmoos vom Lampertshofener Weg rechts abbiegen und auf dem Radweg entlang der Straße fahren. An der Kreuzung „Neuburger/Schrobenhausener Straße" geradeaus fahren. Auf dem Radweg entlang der Ingolstädter Straße weiterradeln.

In Untermaxfeld geradeaus auf dem Radweg bleiben. An der Kreuzung „Ingolstädter/Siefhofener Straße" links abbiegen. Auf dem Radweg in Richtung Obermaxfeld weiterradeln. In Obermaxfeld entlang der Birkenstraße fahren und rechts in den Radweg biegen, der links der Straße bis kurz vor Rosing führt.

In Rosing wieder auf den Radweg und bis zum Ortsende fahren. Links in den Weg zum Flugplatz Zell biegen. Entlang des Flugplatzes und der Landebahn fahren. Auf diesem Weg erreicht man den Neuburger Ortsteil Feldkirchen. Auf dem Radweg die Brücke überqueren und bis zum Kreisel entlang der Augsburger Straße fahren.

In Neuburg am Kreisel geradeaus in die Bürgermeister-Sing-Straße und in die Bahnhofstraße fahren. Auf der Fünfzehnerstraße und über den Wolfgang-Wilhelm-Platz geradeaus in die Altstadt. Durch das „Obere Tor", dann rechts in die Amalienstraße biegen. Vor dem Schloß durch das „Untere Tor" in die Gasse „Zur Hölle" fahren. Links dem Radweg folgen, der entlang der Donau und vorbei am Brandlbad in den Wald führt.

▶ **In Neuburg** kann man als Alternative am Kreisel rechts in die Adolf-Kolping-Straße und auf der Blumenstraße bis zur Münchner Straße fahren. Links in die Münchner Straße biegen und bis zur Ampel fahren. Rechts in die Luitpoldstraße biegen und bis zur Ampel am Schlagbrückchen radeln – (▽) die Strecke ist aber sehr verkehrsreich. Ampelgesichert die Straße überqueren und das Rad ein kurzes Stück bis zum „Unteren Tor" in der Neuburger Altstadt schieben. Auf dem Radweg entlang der Donau kommt man wieder auf die Hauptroute.

▶ **Nach einer längeren Wegstrecke** im Wald muß man in Höhe der Beutmühle den Wald verlassen. Leicht ansteigend geht es an der Mühle vorbei bis kurz vor die B 16. Rechts in den Radweg entlang der Bundesstraße biegen, der mit Steigungen und Abfahrten nach Oberhausen führt.

In Oberhausen muß man auf der B 16 den Ort durchfahren: (▽) Hier äußerst vorsichtig fahren, da die Straße stark befahren ist. Nach Oberhausen beginnt wieder ein Radweg, der nach Unterhausen führt.

In Unterhausen auf dem Radweg durch den Ort fahren und rechts in die Geiselanger Straße biegen. Von dieser in die Keltenstraße fahren und links in den Erlenweg biegen. Bei der Fahrt in der freien Natur auf dem Teerweg bleiben. An der Kreuzung am Wegkreuz rechts, dann führt die Tour entlang einer Birkenallee. Auf der Brücke die kleine Paar überqueren, anschließend dem Linksbogen folgen. Entlang der Allee kommt man nach Moos.

Moos auf der Felsenspitzstraße durchfahren, in die Schackenstraße biegen und den Ort in Richtung Burgheim verlassen. Auf der Brücke die B 16 überqueren und geradeaus nach Burgheim fahren.

In Burgheim links in die Bertoldsheimer Straße biegen (▽). Anschließend links in die Donauwörther Straße fahren (▽). Von der Donauwörther Straße rechts in die Ortlfinger Straße biegen, die Bahnlinie überqueren und rechts in die Illdorfer Straße radeln. Den Ort in Richtung Illdorf verlassen, kurz nach dem Ortsende von Burgheim beginnt links der Straße ein Radweg.

In Illdorf endet der Radweg, man muß auf der Hauptstraße weiterfahren. Rechts in die Johannisstraße biegen und am Ortsende der Vorfahrtsstraße in Richtung Buch folgen. An der Kreuzung in Richtung Buch weiterradeln.

In Buch der Rainerstraße in Richtung Ehekirchen folgen. Auf der Straße geht es abwärts Richtung Ehekirchen. An der Kreuzung rechts nach Schönesberg fahren.

In Schönesberg geht es teilweise auf dem Radweg durch den Ort. Kurz vor dem Ortsausgang links in die Rieder Straße biegen und den Ort in Richtung Ried verlassen. An der Kreuzung in Ried links in die Straße nach Klingsmoos biegen.

In Klingsmoos geradeaus bis zur Ehekirchener Straße fahren. Rechts in die Ehekirchener Straße biegen und dem Radweg entlang der Straße folgen. An der großen Kreuzung rechts in den Radweg entlang der Pöttmeser Straße fahren. Nach einem Stück die Pöttmeser Straße überqueren (▽) und auf der Grimolzhauser Straße in Richtung Grimolzhausen fahren.

In Grimolzhausen schräg geradeaus Richtung Gollingkreuth fahren, die Sandzeller Straße überqueren (▽) und danach in die Straße „Am Boberg" biegen. Nach einer leichten Steigung an der ersten Kreuzung nach Grimolzhausen links auf die Straße nach Gollingkreuth fahren. Vor Gollingkreuth links in Richtung Sandizell abbiegen.

In Sandizell auf der Max-Emanuel-Straße in den Ort fahren. An der Kreuzung rechts in die Grimolzhausener Straße biegen. Am Ortsende von Sandizell beginnt links der Straße ein Radweg, der durch Steingriff nach Schrobenhausen führt.

In Schrobenhausen auf dem Radweg entlang der Pöttmeser Straße fahren und die Bahnlinie überqueren. Danach gleich links in die Wittelsbacher Straße biegen. Rechts in die Bahnhofstraße biegen und bis zur Regensburger Straße fahren. Rechts abbiegen und gleich nach links in den Bürgermeister-Stocker-Ring fahren, auf dem man zum Omnibusbahnhof kommt.

W Der Parkplatz am Omnibusbahnhof ist für alle Touren, die in Schrobenhausen beginnen, der ideale Startpunkt. Auf dem kostenlosen Dauerparkplatz sind fast immer Parkplätze frei. Außerdem ist es nur ein Katzensprung in die Altstadt von Schrobenhausen.

Route „Donauradwanderweg"

Tour A (29 km): Der Donauradwanderweg ist einer der beliebtesten Fernwege in Deutschland. Die 609 Kilometer lange Route führt von der Quelle bei Donaueschingen bis nach Passau an die deutsch-österreichische Grenze. Auf 29 Kilometer Länge quert der Donauradwanderweg den Landkreis Neuburg-Schrobenhausen: von der Staustufe Bertoldsheim bis nach Weichering.

A

28/24
25/26
30

➡ **Vor Bertoldsheim** – von Marxheim kommend – links von der Umgehungsstraße abbiegen, in den Ort hinein und an Kirche und Schloß vorbeifahren. Von der Allee nach rechts abbiegen, über die Umgehungsstraße und auf kleinen Landwirtschaftssträßchen weiter Richtung Rennertshofen-**Hatzenhofen** radeln. Über die Brücke nach rechts, in die Kapellstraße, dann in die Egloffstraße und entlang der Ussel nach **Stepperg**. Auf der Hatzenhofener Straße und Usselstraße bis zum Ententeich. Dort links und hinauf, in die Rennertshofener Straße. Am Schloß links aufwärts in die Antonibergstraße. Von dieser Akazienallee kommt man zum Waldrand, dort leicht links halten. Nach einem kurzen Stück im Wald auf dem nächsten Weg rechts abwärts nach **Riedensheim**. Im Ort bei der Kirche rechts abwärts. Am Ortsausgangsschild ist kein nächster Ort genannt, denn jetzt geht's in die Wildnis: mitten in das Naturschutzgebiet Finkenstein mit der gezähmten Donau. Anschließend erreicht man die Felder des Eulahofes bei der Staustufe Bittenbrunn, später einmündend in die Eulatalstraße. Dann weiter geradeaus nach **Bittenbrunn** und **Neuburg** radeln. Nach der Elisenbrücke in Neuburg rechts abbiegen, unter der Brücke hindurch auf die Straße nach Grünau, für 5,5 km geradeaus – in einer reizvollen Landschaft, zwischen Jagdschloß Grünau, Gut Rohrenfeld und **Weichering**. (Wegbeschreibung aus „Radwandern von Donaueschingen bis Passau" Bestelladresse: Arbeitsgemeinschaft Deutsche Donau, Postfach 1540, 86620 Neuburg a. d. Donau, ✆ 08431/57237.)

Romantische Abendstimmung an der Staustufe Bertoldsheim.

B „Schrobenhausener Spargel-Wanderweg"

Tour B (6 km): Wer sich vom Radfahren erholen will, kann sich auf dem Spargel-Wanderweg dem edlen Stangengemüse widmen. Liebhaber des „Königlichen Gemüses" können erkunden, wo und wie der Spargel wächst. Tafeln geben vor Ort Informationen zum Spargelanbau.

Mit dem Auto von der Stadtmitte Schrobenhausens auf den Mahlberg im Osten von Schrobenhausen fahren. Nach Überquerung einer Kreuzung dem Wegweiser zur Schießstätte folgen. Die Straße führt bergauf in den Wald hinein. 300 m nach dem höchsten Punkt zweigt schräg links eine schmale Teerstraße ab. Nach ca. 200 m macht diese eine scharfe Linkskurve. Das Auto kann hier geparkt werden. Von dort blickt man auf das Paartal – und auf den Schadthof: Christian Schadt hat 1912 hier den ersten Spargel im Schrobenhausener Land angebaut. Geradeaus führt der Spargel-Wanderweg in den Wald. Nach ca. 1 km zweigt der Weg schräg nach rechts ab. Nach etwa 600 m erreicht man freies Feld; vor einem liegt der Weiler Laag und rechts sieht man den Kirchturm von Waidhofen. An einem Kiefernwäldchen vorbei gelangt man an eine Feldweg-Kreuzung, dort schräg links gehen, mit dem kleinen Ort Gröbern in Sicht. Noch vor der Teerstraße von Waidhofen-Brunnen links in einen geteerten Feldweg biegen, auf eine große Fichte am Ortsrand von Gröbern zu. Im Ort bei der Kapelle nach links gehen und auf der Sandstraße weiter.

Vor der großen Wetterfichte steht ein Marterl, das auf den grausamen Mordfall von Hinterkaifeck verweist: In der Nacht vom 31. März 1922 wurden eine ganze Bauernfamilie und eine Magd ermordet. Wer diese Bluttat vollführte, ist bis heute ungewiß.

Durch den Wald führt der Wanderweg zurück zum Auto.

Radwegbeschilderung

Die Touren 1, 3, 4, 5, 6, 7 und 8 sind durchgehend mit eigenen Hinweisschildern markiert (siehe unten). Die Tour 2 ist von Neuburg bis Bergen mit weiß-grünen Schildern gekennzeichnet, danach mit braunen Hinweistafeln aus dem Naturpark Altmühltal und gelben vom Donauradwanderweg von Ingolstadt nach Neuburg.

Radrundwege

Fernradwanderweg

  und Tour

 Tour

Benutzerhinweise

Die vorgestellten Radwege sind gut ausgeschildert und in beide Richtungen zu befahren. Die Beschreibung erfolgt aber jeweils nur in eine Richtung. Wer sich eigene Touren zusammenstellen will, kann das mit Hilfe der Übersichtskarte auf Seite 19. In dieser Karte sind die jeweiligen Seitenzahlen für die einzelnen Kartenabschnitte angegeben.

Die Farben der **Randmarkierung** kennzeichnen die jeweiligen Touren (siehe auch im Inhaltsverzeichnis).

Zu jeder Tourenbeschreibung werden in der Randmarkierung die notwendigen Seiten der Kartographie für die Tour angegeben. Hinweise zur Beschilderung der Rundtouren siehe Seite 16.

Die Beschreibung der Orte (ab S. 50) setzt sich aus maximal neun Rubriken zusammen:

- **Information:** Verkehrsämter und Gemeindeverwaltungen sind mit den üblichen Öffnungszeiten aufgeführt.
- **Unterkunft:** Die angegebenen Beherbergungsbetriebe sind bereit, Radfahrer auch nur für eine Nacht aufzunehmen – dies wurde bei der Erhebung geprüft. Unser Tip: Reservieren Sie sich bereits am Morgen das Zimmer für die kommende Nacht. In vielen Beherbergungsbetrieben kann man auch einkehren.
- **Camping- oder Zeltplatz**
- **Jugendherberge**
- **Fahrradverleih** (auch für mehrere Tage)
- **Fahrrad-Reparaturdienste**
- **Einkehrstation:** In diesen Häusern kann man einen Zwischenstop einlegen, aber meist nicht übernachten.
- **Sehenswertes:** Unter dieser Rubrik werden die bedeutendsten Sehenswürdigkeiten im Überblick dargestellt.
- **Wissenswertes:** Geschichtliches, Kulturelles oder Naturereignisse von besonderer Bedeutung werden erläutert.
- Hinweise zur **Streckenführung:** Die meisten Wege sind gut ausgeschildert. Streckenbeschreibungen dienen als Ergänzung zu Markierungen und Informationen der Kartographie.
- So werden in der Wegbeschreibung **Alternativstrecken** oder **Abkürzungen** gekennzeichnet.
- Mit diesem Signet wird in der Wegbeschreibung deutlich auf **Gefahrenstellen** hingewiesen.
- **Direktvermarkter**, die Produkte auch aus ökologischer Landwirtschaft anbieten.

Legende zur Kartographie

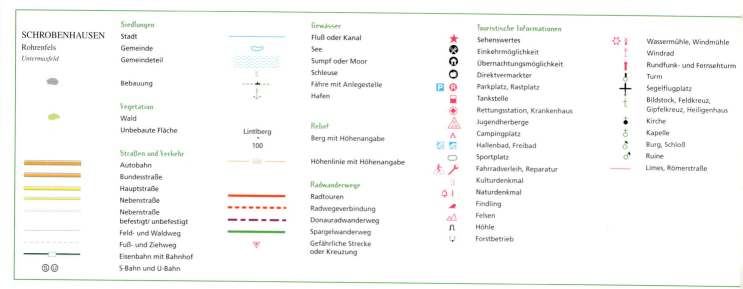

Die **Kartographien** sind hierarchisch aufgebaut. Die Übersichtskarte auf Seite 19 zeigt die jeweiligen Kartenausschnitte mit ihrer Seitenzahl. Die Kartenausschnitte selbst haben den Maßstab 1: 50 000 und sind im Atlassystem angeordnet. Die Textbeschreibung bezieht sich in der Regel auf Orte und Sehenswürdigkeiten, die in einem Korridor von 3 km zum Radweg liegen. Nur in berechtigten Ausnahmen wird davon abgewichen.

Die Kartographie ist im Maßstab 1: 50 000 neu angelegt. Eingearbeitet sind spezifische Informationen (siehe Legende oben), die möglichst lagerichtig verzeichnet sind.

Achtung: Die zuständigen Behörden sind laufend bemüht, das Radwegenetz weiter auszubauen und zu verbessern. Deshalb kann es neue Wegführungen geben, die in diesem Radwanderführer noch nicht berücksichtigt werden konnten. In diesen Fällen folgen sie bitte den Hinweistafeln auf den ausgeschilderten Strecken.

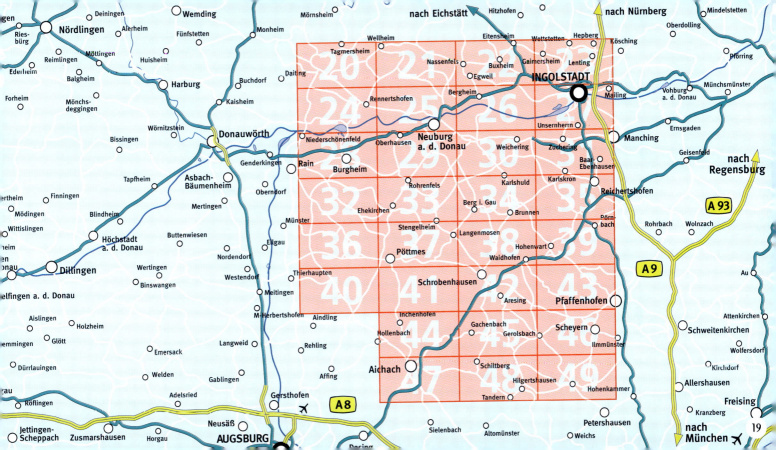

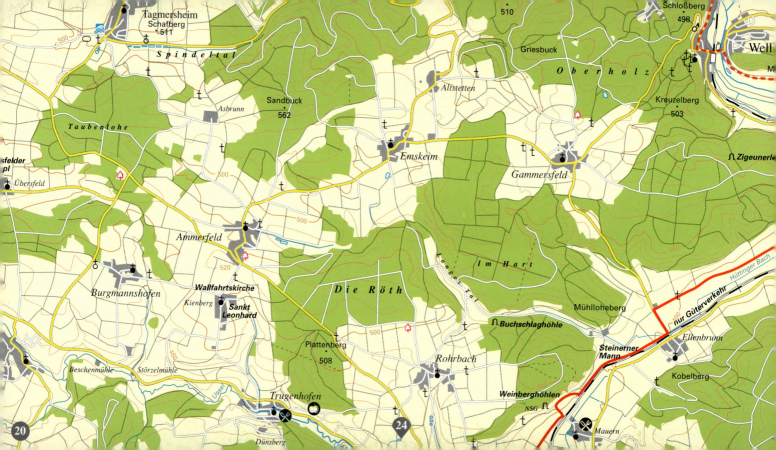

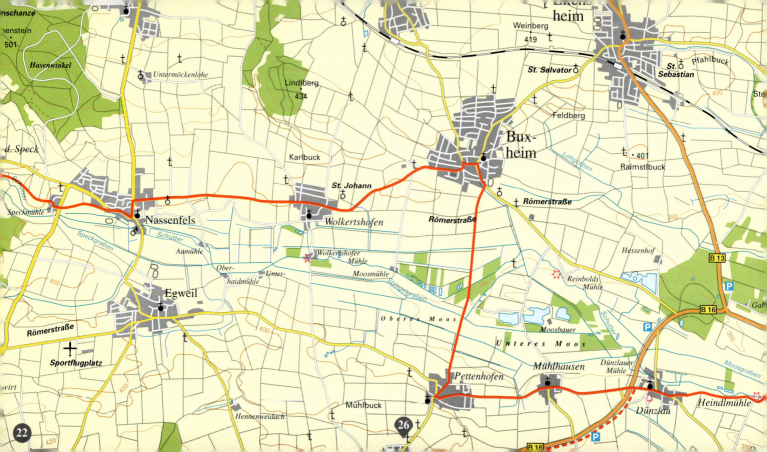

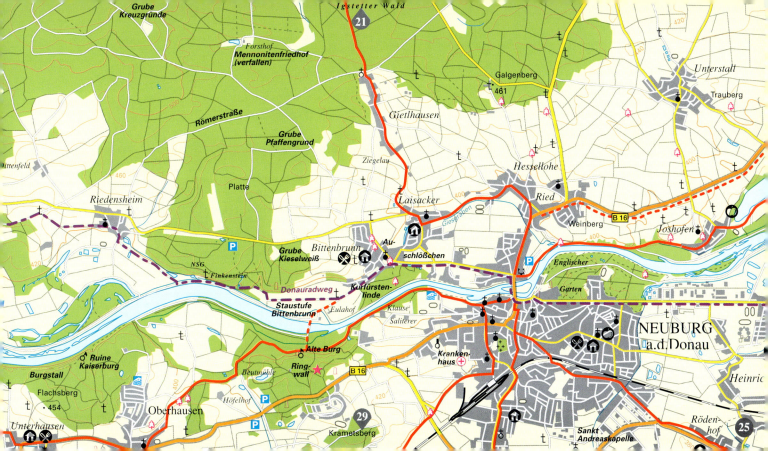

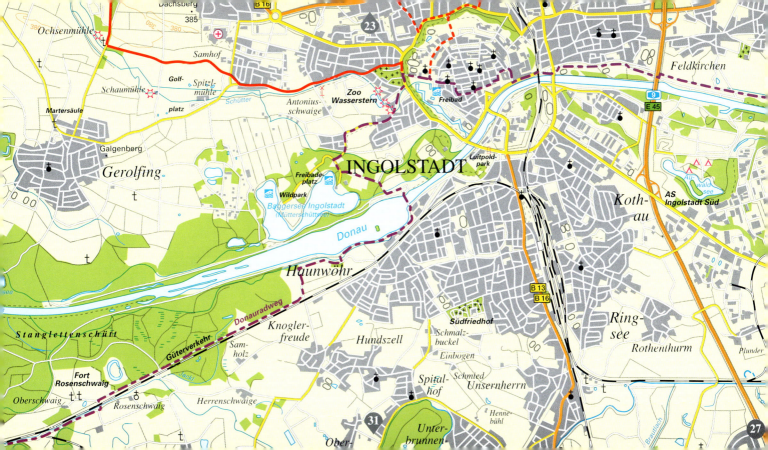

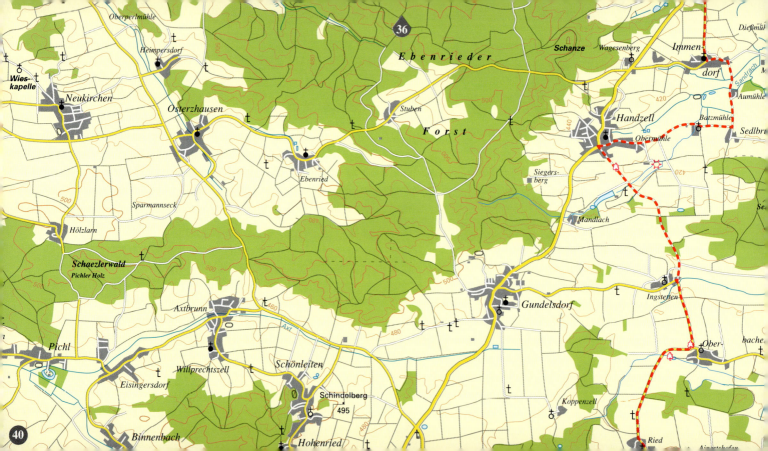

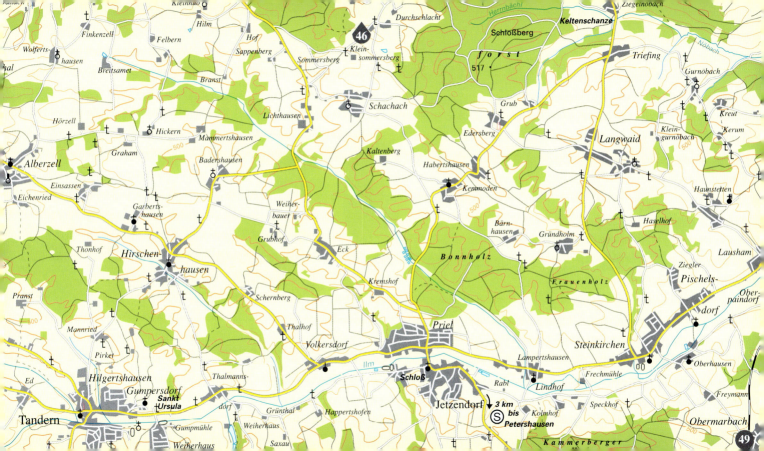

86633 Neuburg an der Donau

ℹ Residenzstraße A 65, Neuburg a.d. Donau, ☏ 08431/55-240 u. 241, Fax 08431/55-242; Mai bis Oktober: montags bis freitags 8 bis 12 Uhr und 14 bis 17.30 Uhr; an Wochenenden und Feiertagen 10 bis 12 Uhr und 14 bis 17 Uhr; November bis April: montags bis donnerstags 8 bis 12 Uhr und 14 bis 16 Uhr, freitags 8 bis 12 Uhr
(Weitere Informationen zu Neuburg auf den Seiten 57 und 58)

Als 1505 Neuburg zur Hauptstadt des neuen Fürstentums „Junge Pfalz" wurde, begann die Blütezeit der Residenzstadt. Der baufreudige Pfalzgraf Ottheinrich, der Fürst der „Jungen Pfalz", ließ in der Residenz eine standesgemäße fürstliche Unterkunft entstehen. Mit dem Schloß prägte er nachhaltig die Neuburger Altstadt, die auf einem Jurafelsen über dem Donautal thront. Ottheinrichs Nachfolger bauten sowohl das Schloß als auch die Altstadt weiter aus, mit beeindruckenden Gebäuden im Stil der Renaissance und des Barock. Bedeutende Bauten der Stadt an der Donau sind neben dem Schloß die Schloßkapelle mit den „Bocksberger Fresken", der Karlsplatz mit Rathaus, die Hofkirche und die Provinzialbibliothek, die Exemplare der ältesten Bücher der Welt enthält.

Am letzten Juni- und ersten Juliwochenende findet alle zwei Jahre das Schloßfest in Neuburg statt – die Termine fallen immer auf ungerade Jahreszahlen. Getreu dem Wahlspruch Ottheinrichs „Haben wieder viel gejagt, turniert und gelacht" spielt die Stadt bei Hofmusik, Tanz, Gesang und Theater ihre Geschichte im Glanz der Renaissance nach.

Stromabwärts entlang der Donau liegt verträumt das pfalzgräfliche Jagdschloß Grünau, in der „grünen Au" der Donauniederung. Ottheinrich ließ es in drei Bauabschnitten zwischen 1530 und 1555 erstellen, um seiner Gemahlin Susanne „zu gefallen".

Die Neuburger Sommerakademie für Bildende Kunst, Musik und Theater ist aus dem Veranstaltungskalender der Stadt nicht mehr wegzudenken: Mal- und Musikkurse sind zu belegen, Kunsttheorie oder handwerkliche Kunst können erlernt werden. Fester Bestandteil der Sommerakademie ist die Kinderakademie, die von Studenten der Kunstakademie München abgehalten wird.

In historischen Kostümen treten die Akteure beim Schloßfest auf (oben).

Drachenkurse und vieles mehr bietet das Programm der Sommerakademie (links).

86529 Schrobenhausen

ⓘ Amt für Öffentlichkeitsarbeit, Lenbachplatz 18, Schrobenhausen,
✆ 08252/90214, Fax 08252/ 90225, montags bis freitags 8 bis 12 Uhr und donnerstags 14 bis 16 Uhr
(Weitere Informationen über Schrobenhausen auf Seite 60)

Ⓦ Mit dem Europäischen Spargelmuseum bereitet Schrobenhausen nicht nur seinem Ruf als Spargelmetropole alle Ehre, sondern auch seinem kulturellen Erbe. Von Aufzucht, Zubereitung und Geschichte bis hin zur künstlerischen Auseinandersetzung mit dem Spargel finden alle Bereiche gebührend Beachtung. So finden sich Ausstellungsstücke aus den Bereichen Anbau, Ernte, Landwirtschaft, Geschichte, Eßkultur, Botanik, Medizin, Kunst und Kuriositäten. Natürlich erfährt man auch über den Spargelanbau allerhand: Würde der Spargel z. B. nicht geerntet, würden aus den Stangen hohe Halbsträuche mit grünen verzweigten Stengeln und nadelförmigen Kurztrieben wachsen.

Ⓦ Handel und Kunst haben in Schrobenhausen eine lange Tradition. Es gab große Händlerfamilien und berühmte Künstler wie Franz von Lenbach. Noch heute läßt sich in der Paarstadt das wirtschaftliche und kulturelle Leben früherer Tage bei einem Besuch im Lenbachmuseum oder im Zeiselmair-Haus, einem der ältesten Kleinbürgerhäuser Bayerns, erahnen. Die historische Altstadt mit den Bürgerhäusern, der Stadtmauer und dem Stadtwall erinnert auf eindrucksvolle Weise an die einstige Bedeutung Schrobenhausens als Handelsstadt.

Ⓦ Der bekannteste Sohn Schrobenhausens ist der Malerfürst Franz von Lenbach. Sein Geburtshaus am Stadtwall wurde zur Lenbachgalerie umgebaut und birgt eine Fülle von Gemälden, Skizzen und persönlichen Dokumenten des Portraitisten, sowie Werke des Tiermalers Johann Baptist Hofner.

Ⓦ Das 1749 wiederaufgebaute Schloß Sandizell mit seiner Hofmarkkirche St. Peter gilt unter Fachleuten als Höhepunkt künstlerischer Entwicklung im oberbayerischen Raum. Mit der Rokokokirche setzten sich der Ingolstädter Baumeister Joh. Bapt. Gunetzrhainer und Egid Quirin Asam ein Denkmal. Besehenswert ist der von Asam gestaltete Petrus-Hochaltar, der in Anlehnung an das römische Vorbild im Petersdom entstanden ist.

Spargelmarkt in Schrobenhausen.

Der Hochaltar in der Asamkirche im Ortsteil Sandizell.

Orte in alphabetischer Reihenfolge

Die Seitenzahlen unterhalb der Ortsnamen geben an, auf welchen Kartographieseiten die Orte zu finden sind.
Aufgeführt werden nachstehend nur Orte innerhalb des Landkreises Neuburg-Schrobenhausen.

🛈 Information; 🏠 Unterkunft; 🏕 Camping- oder Zeltplatz; ⚠ Jugendherberge; 🚲 Fahrradverleih (auch mehrtägig); 🔧 Fahrrad-Reparaturdienste; 🍴 Einkehrstation; ✱ Sehenswertes; Ⓦ Wissenswertes;

86561 Aresing

Seite 42

🛈 Rathaus Aresing, St. Martin Str. 16, Aresing, ☎ 08252/1037, Fax 08252/6404; montags bis freitags 7.30 bis 12 Uhr, montags bis mittwochs 13 bis 16 Uhr und donnerstags 13 bis 18 Uhr

🍴 Gaststätte Alter Wirt, Sonnenhammerstr. 8
Sportheimgaststätte, Eichenstr. 9
Gasthaus Reim, Weilacher Str. 3, OT Unterweilenbach

✱ Pfarrkirche St. Martin mit Kriegerdenkmal, Bischof-Sailer-Brunnen vor dem Rathaus; OT Oberlauterbach: Pfarrkirche St. Wenzel, Alter Friedhof, Wenzelslausbrunnen.

86562 Berg im Gau

Seite 34

🛈 Verwaltungsgemeinschaft Schrobenhausen, Am Hofgraben 3, 86529 Schrobenhausen, ☎ 08252/7007, Fax 08252/6792

🏠 Gasthaus Felbermaier, Schützenstraße 4, OT Lampertshofen, ☎ 08433/364

 Kfz-Märkl, Langenmosener Str. 11

✱ Kath. Pfarrkirche „Marieae Heimsuchung" (erb. 1760–1770), Donaumoos Gedenkstein; OT Oberarnbach: Wasserschloß aus dem 20. Jh.

Ⓦ Der Donaumoos Gedenkstein unweit des Kindergartens erinnert an einen Besuch von Kurfürst Karl Theodor im Jahre 1794, als er sich vom Fortgang der Kultivierung im Donaumoos überzeugte.

86673 Bergheim

Seite 26

🛈 Verwaltungsgemeinschaft Neuburg, Neuhofstraße D228, 86633 Neuburg a.d. Donau, ☎ 08431/67190, Fax 08431/671940; montags bis freitags 8 bis 12 Uhr und mittwochs 14 bis 18 Uhr

🏠 Christian König, Hauptstr. 10, ☎ 08431/7206

✱ Willibaldskapelle

86564 Brunnen

Seite 34

- Verwaltungsgemeinschaft Schrobenhausen, Am Hofgraben 3, 86529 Schrobenhausen, ✆ 08252/7007, Fax 08252/6792

- OT Niederarnbach: stattliches Wasserschloß aus dem 17. Jh., Stammsitz der Freiherrn von Pfetten (nicht zugänglich).

86666 Burgheim

Seite 28

- Markt Burgheim, Marktplatz 13, Burgheim, ✆ 08432/1256 u. 1257, Fax 08432/8306; montags bis freitags 8 bis 12 Uhr, dienstags 13.30 bis 17 Uhr und donnerstags 13.30 bis 18.00 Uhr

- Bräustüberl „Il Gambero", Marktplatz 7, ✆ 08432/413
  Moosmühle, Felsenspitzstr. 13, OT Moos, ✆ 08432/339

- Bräustüberl „Il Gambero", Marktplatz 7
  Gasthaus Brucklachner, Donauwörther Str. 1
  Restaurant zur Rose, Donauwörther Str. 27
  Gasthaus Blum, Bertholdsheimer Str. 18 a
  Zum Kellerwirt, Georgistr. 36

- Feurer, Klaus, Zieglerstraße 4, ✆ 08432/8335

- Heimat-Museum, Marktplatz 13, Rathaus Burgheim, ✆ 08432/1256 u. 1257 Georgskirche (vormals Klosterkirche) 1626 errichtet. Pfarrkirche St. Cosmas und Damian mit Hochaltar aus dem 17. Jh.

86676 Ehekirchen

Seite 33

- Gemeinde Ehekirchen, Kirchenweg 3, Ehekirchen, ✆ 08435/94080, Fax 08435/940815; montags bis freitags 8 bis 12 Uhr u. donnerstags 13 bis 18 Uhr

- Strixner Hof, Leitenweg 5, OT Schönesberg, ✆ 08435/1877

- Gasthaus Zett, Neuburger Str. 10
  Strixner Hof, Leitenweg 5, OT Schönesberg,
  Gasthaus Daferner, Augsburger Str. 21, OT Schönesberg
  Gasthof Daferner, Bergstr. 19, OT Walda
  Gasthof Gerbl, Kreisstr. 15, OT Haselbach

- Fichtbauer Eduard, Gartenstr. 35, ✆ 08435/1706
  Ruml Hans-Jörg, Haupstr. 8, ✆ 08435/258
  Ettenreich Fritz, Dorfstr. 24, ✆ 08435/239

- Neugotische Kirche St. Stephanus, Lorenziberg südwestlich; OT Weidorf: nördlich Weinberg, Kugelholz; OT Walda mit Schainbach: 3 Epitaphen um 1500 auf dem alten Friedhof; OT Schönesberg: Mariensäule vor der Pfarrkirche; OT Buch: Linde aus dem 30jährigen Krieg vor der Pfarrkirche in Holzkirchen, Bäckerhof aus dem 19. Jh. in Buch; OT Bonsal: Alter Hakenhof gegenüber der Kirche; OT Fern- und Nähermittenhausen: Rinsenweiher beim Traberhof; OT Hollenbach: Barockes Leichenhaus um 1740; OT Seiboldsdorf: Schloß mit Schloßallee.

- Minigolfanlage im Gasthof Daferner, OT Schönesberg

Raiffeisenbanken Volksbanken
des Landkreises Neuburg-Schrobenhausen

86565 Gachenbach

Seite 45

🛈 Verwaltungsgemeinschaft Schrobenhausen, Am Hofgraben 3, 86529 Schrobenhausen, ✆ 08252/7007, Fax 08252/6792

🏨 Gasthaus Zanker, Hauptstraße 16, OT Peutenhausen, ✆ 08252/7631

🍴 Landgasthof Zum Bergwirt, Hauptstraße 11, OT Peutenhausen, ✆ 08252/2461

🔧 Hofberger Xaver, Obere Ortsstraße 3, ✆ 08259/401
Rauscher Lorenz, Untere Ortsstraße 25, ✆ 08259/1067

✸ An der Straße zwischen den Ortsteilen Peutenhausen und Gachenbach liegt weithin sichtbar die kleine, vielbesuchte Wallfahrtskirche „Maria Beinberg", die im 15. Jh. erbaut wurde (Einkehrmöglichkeiten samstags und sonntags); OT Gachenbach: St. Georgskirche aus dem 15. Jh. mit wertvollem Interieur und dekorativen Wandmalereien.

Die Wallfahrtskirche Maria Beinberg.

86668 Karlshuld

Seite 30

🛈 Gemeindeverwaltung Karlshuld, Hauptstr. 68, Karlshuld, ✆ 08454/94930, Fax 08454/949350; montags bis freitags 7.30 bis 12 Uhr und dienstags und donnerstags 13 bis 17.30 Uhr

🍴 Gastwirtschaft Greppmair, Hauptstraße 1
Pizzeria Da Franco, Neuburger Straße 31

🔧 Zweiradwerkstatt in der BP Tankstelle Galli, Hauptstr. 108, ✆ 08454/2193

✸ OT Kleinhohenried: DONAUMOOS Umweltbildungsstätte (Haus im Moos) m Freilichtmuseum; Karlshuld: staatl. Moorversuchsgut mit Viehweiden (Moc schucken, Murnauer-Werdenfelser- und Pinzgauer Rinder; Storchenhorst a dem Feuerwehrturm hinter dem Rathaus.

85123 Karlskron

Seite 31

🛈 Gemeindeverwaltung Karlskron, Hauptstraße 34, Karlskron, ✆ 08450/9300, Fax 08450/7256; montags bis freitags 8 bis 12 Uhr und dienstags und donners tags 13 bis 17 Uhr

🍴 Gaststätte Haas, Hauptstraße 33
Gaststätte Felber, Lindenstraße 22, OT Aschelsried

86669 Königsmoos

Seite 33

- Gemeindeverwaltung Königsmoos, Neuburger Str. 10, Königsmoos-Stengelheim, ✆ 08433/94090, Fax 08433/940922

- Gastwirtschaft Königshof, Neuburger Str. 81, Königsmoos-Stengelheim
  Gastwirtschaft Friedl, Pöttmeser Str. 171, GT Klingsmoos
  Gastwirtschaft Appel, Erlengraben 4, GT Klingsmoos
  Sportheim, Sandizeller Str. 4, GT Klingsmoos
  Schützenheim, Fünferweg 23, GT Obermaxfeld
  Schützenheim, Pfalzstr. 63, GT Untermaxfeld
  Sportheim Pfalzstr. 84, GT Untermaxfeld
  Gastwirtschaft Kraus, Ludwigstr. 119, GT Ludwigsmoos

- Firma Pallmann, Pfalzstr. 46, GT Ludwigsmoos, ✆ 08454/482

- Donaumoospegel (1836) in Ludwigsmoos, Ludwigstr. 88 (Schreinerei Hautmann)

86571 Langenmosen

Seite 37

- Verwaltungsgemeinschaft Schrobenhausen, Am Hofgraben 3, 86529 Schrobenhausen, ✆ 08252/7007, Fax 08252/6792

 Gaßlmaier Anton, Schrobenhausener Str. 10, Langenmosen, ✆ 08433/1528

- Gotische Pfarrkirche „St. Andreas" mit Choraltar aus dem Jahre 1671 und Deckenfresken von Ignaz Baldauf von 1780.

86633 Neuburg

Seite 25

- Residenzstraße A 65, Neuburg a.d. Donau, ✆ 08431/55-240 u. 241, Fax 08431/55-242; Mai bis Oktober: montags bis freitags 8 bis 12 Uhr und 14 bis 17.30 Uhr; an Wochenenden und Feiertagen 10 bis 12 Uhr und 14 bis 17 Uhr; November bis April montags bis donnerstags 8 bis 12 Uhr und 14 bis 16 Uhr, freitags 8 bis 12 Uhr

- Hotel-Gasthof Bergbauer, Fünfzehnerstr. 11, ✆ 08431/47095,
  Hotel Garni, Eva Tress, Schrannenplatz 153 1/2, ✆ 08431/67210
  Hotel am Fluss, Ingolstädter Str. 2, ✆ 08431/67680
  Hotel Garni, Die Spindel, Mühlenweg 2 a, ✆ 08431/49423
  Hotel Kieferlbräu, Eybstraße 239, ✆ 08431/67340
  Hotel Kirchbaur-Hof, Monheimer Str. 119, ✆ 08431/2532 o. 8522
  Hotel Neuwirt, Färberstr. 88, ✆ 08431/2078
  Sport Hotel, Am Eichet 8, ✆ 08431/67500
  Hotel Garni, Herold, Am Englischen Garten 18, ✆ 08431/1511
  Flair Hotel Klosterbräu, Kirchplatz 1, OT Bergen, ✆ 08431/67750
  Gasthaus Mödl, Am Zeller See 12, OT Zell, ✆ 08431/9707

  Pension Antik, Augsburger Str. 1, ✆ 08431/47521
  Pension Dollinger, Gietlhausener Str. 42, OT Laisacker, ✆ 08431/7234
  Pension Melcherbauer, Stockacker 2, OT Bruck, ✆ 08431/9901
  Gästehaus Memmelhof, Brunnenstr. 13, OT Laisacker, ✆ 08431/2529
  Altstadt-Cafe, Amalienstr. 44, ✆ 08431/2786

Raiffeisenbanken Volksbanken
des Landkreises Neuburg-Schrobenhausen

Brenner Hedwig, Münchner Str. 103, ✆ 08431/9883 o. 8834
Gerlach Klaus, Buchenweg 14, OT Bittenbrunn, ✆ 08431/9492
Henle Hermann, Danziger Str. 21, ✆ 08431/2620
Kerner Henrike, Ostermannstr. 55, ✆ 08431/2398
Meinert Reinhold, Breslauer Str. 31, ✆ 08431/9926
Raba Theo, Mühlenweg 29, ✆ 08431/2838
Reissner Luise, Mühlenweg 25 1/2, ✆ 08431/44067
Schlamp Inge, An den Linden 5, OT Bergen, ✆ 08431/3536
Wossmann Hildegund, Am Geißberg 20, OT Bergen, ✆ 08431/45147

Burzler Adelheid, Ziegelweg 5, OT Bergen, ✆ 08431/45380
Mack Anton, Wiltrudisstr. 1, OT Bergen, ✆ 08431/2822
Scheller Luise, Wachenheim Str. 7, ✆ 08431/2215
Wohnparkanlage Wendt, Sommerstr. 15-17, ✆ 08431/9160

Donau-Ruder-Club, Oskar Wittmann Str. 5, ✆ 08431/9473
Jugendzeltplatz Bürgerschwaige, ✆ 08431/57284

Jugendübernachtungsstätte (30 Betten), Auskunft Caritas, ✆ 08431/1078

Hotel-Gasthof Bergbauer, Fünfzehnerstr. 11
Blaue Traube, Amalienstr. 49
Hennenwirt, Blumenstr. 40
Hotel Kieferlbräu, Eybstraße 239
Hotel Kirchbaur-Hof, Monheimer Str. 119, OT Bittenbrunn
Baringer Hof, Wiltrudisstr. 2, OT Bergen
Klosterbräu, Kirchplatz 1, OT Bergen

Gasthof Kreil, Hirschenstr. 158
Gasthaus Mödl, Am Zeller Weiher 12
Gasthof Neuwirt, Färberstr. 88
Zur Lettenstub'n, Gärtnerstr. 109
Zum Hofgarten, Weinstr. C 122
Zum Streidl, Blumenstraße 271
Arco Schlößchen, Arcostr. 18
Central, Adlerstr. 200
Da Capo, Residenzstr. A66
Tiffany, Rosenstr. 100
Pfafflinger, Schrannenplatz 131
Goldener Schwan, Ingolstädter Str. 1
Naturfreundehaus, Sehensander Forst, OT Sehensand

Deutsche Bahn AG, Bahnhof Neuburg

Appel's Fahrradservice, OT Marienheim, Karl Theodor Str. 15, ✆ 0171/5163833
Zweirad Behr, Münchner Str. 328, ✆ 08431/44889
Rat und Tat, Fahrradladen, Schützenstr. C 189, ✆ 08431/42428
Rad-Sport Ruf, Fünfzehner Str. 30, ✆ 08431/41402
Rösel Klaus, Münchner Str. 86, ✆ 08431/2441

Historische Altstadt mit Schloß, Schloßkapelle, Hofkirche, Karlsplatz, his Bibliothekssaal (Provinzialbibliothek), Schloßmuseum (außer montags tä von 10 bis 17 Uhr geöffnet)

Seite 29

86697 Oberhausen

🛈 Gemeinde Oberhausen, Hauptstraße 4, Oberhausen, ☏ 08431/3064

🏠 Gasthof Lindenhof, Lindenstraße 6, OT Unterhausen, ☏ 08431/4515
Gasthaus Buckl, Im Oberdorf 22, OT Sinning, ☏ 08435/492

✗ Schloßwirtschaft Ruf, Im Unterdorf 2, OT Sinning
Gasthaus Girstmair, St. Wolfgang, OT Sinning

✹ OT Sinning: Schloß Sinng (nicht zugänglich); OT Unterhausen: Latour Denkmal

86643 Rennertshofen

Seite 24

🛈 Gemeindeverwaltung Rennertshofen, Marktstraße 18, Rennertshofen,
☏ 08434/611, Fax 08434/613; montags bis freitags 7.30 bis 12 Uhr, mittwochs 13 bis 18 Uhr

🏠 Landgasthof Kimmerling, Poststraße 5, OT Stepperg, ☏ 08434/9163
Schloßgaststätte Schlamp, Am Schloßberg 2, OT Bertoldsheim, ☏ 08434/552
Gästehaus Seefried Manuele, Finkenstraße 14, OT Bertoldsheim,
☏ 08434/ 1806
Gästehaus Seefried Angelika, Schwalbenstraße 24, OT Bertoldsheim,
☏ 08434/1519
Gästehaus Roßkopf, Lerchenstraße 7, OT Bertoldsheim, ☏ 08434/650
Gästehaus Hager, Graspointstraße 19, OT Hatzenhofen, ☏ 08434/1302
Ferienwohnung Wittmann, Hainbergstraße 10, OT Hütting, ☏ 08427/1673

⛺ Jugendzeltplatz Mauerner Höhlen, Auskunft Gemeinde Rennertshofen,
☏ 08434/611

✗ Zum Welschbräu, Marktstraße 19,
Landgasthof Kimmerling, Poststraße 5, OT Stepperg
Schloßgaststätte Schlamp, Am Schloßberg 2, OT Bertoldsheim
Karrmann, Marxheimer Str. 12, OT Bertoldsheim
Gasthaus Thum, Hainbergstraße 17, OT Hütting
Zum Brui, Usseltalstraße 10, OT Trugenhofen
Gasthaus Wollner, Römerstraße 19, OT Mauern
Kegelverein Stepperg, Hatzenhofener Str. 38, OT Stepperg

🛒 Fa. W. Baierlein, Marktstraße 44, ☏ 08434/276

✹ Naturschutzgebiet Mauerner Höhlen, Wellheimer Donau-Trockental, Usseltal, Antoniberg mit Kapelle.

Mauerner Höhlen
im Urdonautal.

86701 Rohrenfels

Seite 29

🛈 Verwaltungsgemeinschaft Neuburg, Neuhofstraße D228, 86633 Neuburg a. d. Donau, ✆ 08431/67190, Fax 08431/671940; montags bis freitags 8 bis 12 Uhr und mittwochs 14 bis 18 Uhr

🍴 Gaststätte Waldeslust, OT Baiern
Gasthaus Greimel, Kapellenstr. 16, OT Ballersdorf

✱ Schloßstr. 2, ehemaliges Hofmarkschloß (Privatbesitz). Besichtigung für größere Gruppen auf Anfrage bei Fa. Kempfle ✆ 08431/6718-0.

Kartoffelfeuer nach der Kartoffelernte.

86529 Schrobenhausen

Seite 43

🛈 Amt für Öffentlichkeitsarbeit, Lenbachplatz 18, Schrobenhausen, ✆ 08252/90214, Fax 08252/ 90225, montags bis freitags 8 bis 12 Uhr und donnerstags 14 bis 16 Uhr

🛏 Hotel-Restaurant Grieser, Bahnhofstraße 36, ✆ 08252/89490
Hotel zur Post, Lenbachplatz 9-10, ✆ 08252/89480
Gästehaus Eder, Bernbacher Straße 3, OT Hörzhausen, ✆ 08252/2415
„Winni's Inn", Bahnhofstraße 8, ✆ 08252/6420
Gasthaus Oefelebräu, Lenbachstraße 11, ✆ 08252/1732
Gasthaus Alter Wirt, Ingolstädter Str. 42, ✆ 08252/4756
Stadtcafe, Aichacher Str. 29, ✆ 08252/81400
Schmid Ursula, Regensburger Straße 29, ✆ 08252/83047

🍴 Biergarten bei der Stadthalle Schrobenhausen, Bgm.-Stocker-Ring
Gasthaus Natzer, Am Steinbach 13
Gschrei-Stüberl, Tuchmachergasse 13
Gasthaus Stief, Aichacher Str. 21
Gaststätte Schlicker, Schloßstr. 22, OT Sandizell
Oberer Wirt, Obermühlstr. 10, OT Hörzhausen

🚲 Fa. Funk, Lenbachstraße 33, ✆ 08252/1339
Fa. Zweirad, Königslachener Weg 9, ✆ 08252/81290

✱ Europäisches Spargelmuseum, Lenbachmuseum, Zeiselmair-Haus (Museum), Schützenmuseum der Feuerschützengesellschaft und Bürgerturm der Landsknechte (nach Voranmeldung bei der Stadtverwaltung ✆ 08252/90214), Stadtpfarrkirche St. Jakob, Stadtmauer mit Türmen und Stadtwall, historische Altstadt und Pflegschloß (künftig Heimatmuseum); OT Sandizell: Schloß Sandizell (Privatbesitz, keine Besichtigung möglich), Asamkirche Sandizell.

Ⓦ Minigolfanlage beim Freizeitheim des SSV in Högenau

86579 Waidhofen

Seite 38

ℹ Verwaltungsgemeinschaft Schrobenhausen, Am Hofgraben 3, 86529 Schrobenhausen, ✆ 08252/7007, Fax 08252/6792

🏨 Gasthof Bogenrieder, Ringstraße 5, ✆ 08443/1033

🍴 Gasthof Bogenrieder, Ringstraße 5,
Sportheim DJK Waidhofen, an der Straße zw. Waidhofen und Gröbern (nur samstags und sonntags)

✹ Kath. Pfarrkirche „Zu u. lieben Frau" (1718 erb. mit kostbaren Barockaltären)

Spargelfelder im Schrobenhausener Land.

 86706 Weichering

Seite 30

ℹ Gemeindeverwaltung Weichering, Kapellenplatz 3, Weichering, ✆ 08454/791; montags bis freitags 8 bis 12 Uhr und mittwochs 13 bis 18 Uhr

🏨 Landgasthof Vogelsang, Bahnhofstr. 24, ✆ 08454/2879
Gästehaus Petra Oppenheimer, Am Anger 8, ✆ 08454/1253
Gasthof Hammer, Siedlungsweg 1, OT Lichtenau, ✆ 08450/8720
Gästehaus Pollok, Siedlungsweg 17, OT Lichtenau, ✆ 08450/9620

🍴 Landgasthof Vogelsang, Bahnhofstr. 24
Sportheim SV Weichering, Kochheimer Str. 42
Gaststätte Waldschänke, Biberweg 2
Seestüberl, Erholungsgebiet Niederforst

✹ OT Lichtenheim: Geburtshaus von Max von Pettenkofer (Privatbesitz)

Ⓦ Minigolfanlage im Naherholungsgebiet Niederforst

Raiffeisenbanken Volksbanken
des Landkreises Neuburg-Schrobenhausen

Direktvermarkter im Landkreis Neuburg-Schrobenhausen

85123 Adelshausen
Ippi Peter, Am Dorfbach 4, ✆ 08453/8290; Spargel

86561 Aresing
Endres Josef u. Maria, Lenbachstraße 4, ✆ 08252/4628; Spargel; 8 bis 18 Uhr
Reisner Andreas u. Annemarie, Bauernstraße 60, ✆ 08252/889121; Suppenhühner und Hühnchen, frische Enten und Gänse, Eier, hausgemachte Nudeln, Speisekartoffeln, Spargel

86673 Bergheim
Gschmack Martin, Lindenweg 3, ✆ 08431/29 94; Rind- und Schweinefleisch, Geräuchertes, Wurstwaren in Gläsern, Kartoffelbrot

86564 Brunnen
Geistbeck Josef, Kaltenthal 3, ✆ 08443/1064; Spargel, Kartoffeln
Schmidl Michael, Kaltenthal 2, ✆ 08443/91130; Spargel, Grünspargel, Kulturheidelbeeren; telefonische Vorbestellung

86666 Burgheim
Wünsch Josef, Donauwörther Str. 28, ✆ 08432/471; Saisongemüse, Eier, Kartoffeln, Kartoffelbrot; dienstags und freitags

86643 Erlbach
Heuberger Franz, Erlenstraße 6, ✆ 08434/739; Speisekartoffeln, Kohl, Gelbe Rüben, Zwiebeln

86565 Gachenbach
Koppold Jacob u. Resi, Obere Ortsstraße 6, ✆ 08259/482; Speisekartoffeln, Spargel, Rindfleisch, Schweinefleisch auf Vorbestellung

86579 Gröbern
Modlmayr Viktoria, Brunnener Straße 15, ✆ 08443/489; Spargel
Schlittenbauer Konrad, Eybergstraße 11, ✆ 08443/263; Spargel, Kartoffeln
Stegmeir Johann, Brunnener Straße 11, ✆ 08443/563; Spargel

86676 Haselbach
Wintermayr Andreas, Kreisstraße 14, ✆ 08253/928860; Rind- und Schweinefleisch, Geräuchertes, Wurstwaren; auf Vorbestellung

86633 Heinrichsheim
Rupp Dieter, Mathias-Bauer-Straße 30, ✆ 08431/47879; Speisekartoffeln, Karotten

86564 Hohenried
Doppler Georg, Obere Hauptstraße 19, ✆ 08454/3322; halbe Schweine auf Bestellung, Bauerngeräuchertes, hausgemachte Wurst, Karotten, Gemüse, Speisekartoffeln, Spargel; freitags 9 bis 11 Uhr und samstags 15 bis 17 Uhr

Kneilling Josef, Obere Hauptstraße 17, ✆ 08454/3226; Saisongemüse, Karotten, Zwiebeln, Speisekartoffeln, Spargel, Eier; dienstags und freitags 16 bis 19 Uhr
Nestler Xaver, Obere Hauptstraße 11, ✆ 08454/3123; Gelbe Rüben, Speisekartoffeln, Spargel
Schwarzbauer Ludwig, Kastanienallee 1, ✆ 08454/3366; Speisekartoffeln, Spargel, Kirchweih- u. Weihnachtsgänse, Puten, Geflügel auf Vorbestellung
Schwarzbauer Rupert, Untere Hauptstraße 16, ✆ 08454/3847; Spargel

86676 Holzkirchen

○ **Stöckl** Alfons u. Rosa, Kirchbergstraße 1, ✆ 08432/361; Wurst, Gemüse, Speisekartoffeln, Fleisch auf Vorbestellung

86633 Joshofen

○ **Koch** Anton, Am Gries 5, ✆ 08431/9335; Saison- und Lagergemüse, Sauerkraut, Kartoffeln, Blumen

85123 Karlskron

○ **Haas**, Hauptstr. 33, ✆ 08450/8213; Lammfleisch, Lammsalami, Käsegriller; auf Bestellung
Schwarzbauer Ludwig, Josephenburg 6, ✆ 08450/7507; Rindfleisch im Mischpaket, Gänse und Puten, Eier, Kartoffeln, Spargel; 9 bis 12 Uhr

86529 Linden

○ **Rehm** Josef u. Christine, Bachwiesenweg 1, ✆ 08252/7749; Spargel, Kartoffeln, Milch

86529 Mühlried

○ **Haas** Jakob u. Maria, Alte Dorfstraße 15, ✆ 08252/7444; Speisekartoffeln, Milch, Eier; montags bis freitags 17.30 bis 18.30 Uhr

86633 Neuburg a. d. Donau

○ **Felbermeir** Franz, Kahlhof, ✆ 08431/2223 Saisongemüse, Speisekartoffeln, Erdbeeren
Scheuermeyer Ludwig, Sehensander Weg 9, ✆ 08431/2813; Speisekartoffeln

86565 Peutenhausen

○ **Karl** Ulrich, Hörzhausener Straße 4 a, ✆ 08252/6437; Speisekartoffeln, Spargel
Rankl Martin, Hörzhausener Straße 10, ✆ 08252/6424; Rindfleisch, Schweinefleisch, Schafffleisch, Honig, Kartoffeln, Schaffelle

85123 Pobenhausen

○ **Wagner** Manfred, Schrobenhausener Straße 17, ✆ 0841/55545; Angus-Rindfleisch in Mischpaketen, Dinkel, Weizen, Roggen, Vollkornmehl, Speisekartoffeln; freitags 14 bis 18 Uhr

86643 Rennertshofen

○ **Reile** Peter, Usseltalstraße 23, ✆ 08434/1645; Forellen, Saiblinge, Aale, Lachsforellen, Krebse, Waller; bratfertig, geräuchert, filetiert

86529 Sandizell

● **Sauer** Georg u. Gerlinde, Katharinenweg 3, ✆ 08252/3866; Rindfleisch, Wurstwaren, Damwild, Eier, Nudeln, Speisekartoffeln, Kürbiskerne, Bio-Dinkelmehl, Sonnenblumenöl, Spargel

86676 Schönesberg

● **Kefer** Franz, Lorenziweg 10, ✆ 08435/1294; Schweine für Hausschlachtungen, Eier, Karotten, Zwiebeln, Speisekartoffeln
Martin Gregor, Lorenziweg 3, ✆ 08435/558; Kartoffeln, Gemüse, Eier
Strixner Paul, Augsburger Straße 18, ✆ 08435/702; Eier, Speisekartoffeln, Walnüsse, ofenfertiges Brennholz

86529 Schrobenhausen

● **Fuchs** Michael u. Gertraud, Georg-Leinfelder-Straße 1, ✆ 08252/7665; Hausmacher-Wurst, Bauernschinken, Eier, Speisekartoffeln, Gemüse der Saison; Rindfleisch, Geflügel und Kaninchen auf Vorbestellung; freitags ganztägig, samstags vormittags
Huesmann, Dr. Heinrich, Rinderhof, ✆ 08252/5620; Rindfleisch, Weidkalb, Lamm, Aal, Karpfen, Edelkrebs, Grünspargel, Obst, Salatkartoffeln, Schmuckgrün; ganztägige Bestellung
Paintner Alfons, Regensburger Straße 67, ✆ 08252/6527; Spargel, Speisekartoffeln
Tyroller Josef, Högenau 2, ✆ 08252/81302; Spargel
Wenger Manfred, Lauterbacher Weg 10, ✆ 08252/2549; Speisekartoffeln, Spargel, Johannisbeeren, Brennholz, Schweinehälften u. Spanferkel auf Vorbestellung

86643 Treidelheim

● **Scharnagl** Bernhard, Brückenweg 4, ✆ 08434/622; alle Gemüse- und Salatarten, Auberginen, Brokkoli, Blumenkohl, Zucchini, Paprika, Peperoni, Kartoffeln

86643 Trugenhofen

● **Stoll** Wolfgang, Zum Leitenschlag 2, ✆ 08434/341; Rindfleisch, Kalbfleisch; nu auf Vorbestellung

86697 Unterhausen

● **Appel** Georg, Geiselanger 2, ✆ 08431/9104; Eier, Kartoffeln, Brennholz ofenfertig, Rindfleischpaket auf Bestellung

86579 Waidhofen

● **Gürtner** Josef u. Anneliese, Altenburg 1, ✆ 08252/1705; Spargel, Speisekartoffeln, Hopfenkränze, Rindfleischpakete; auf Bestellung

86706 Weichering

● **Lanzl** Lorenz, Neuburger Straße 3, ✆ 08454/676; Salate der Saison, Gemüse de Saison, Speisekartoffeln

86565 Weilach

● **Hohenester** Josef u. Renate, Spitalmühle 1, ✆ 08259/452; Rindfleisch, Naturkalbfleisch, Schweinefleisch, Wurstwaren; samstags 8 bis 13 Uhr

Die Herstellung des Radwanderführers „Radeln zwischen Donau und Paar" wurde mit 5b-Fördermitteln der Europäischen Union unterstützt.